Un grande libro per imparare!

La mia prima enciclopedia dell'Universo

DoReMi

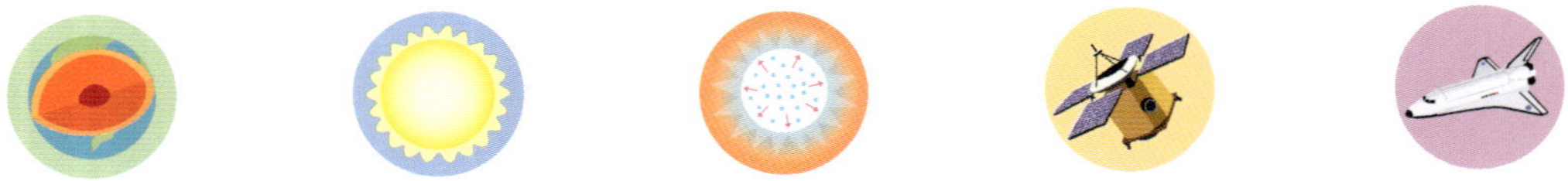

INDICE

LA TERRA E IL CIELO 7

NEL CUORE DEL SISTEMA SOLARE 25

ALLA SCOPERTA DELL'UNIVERSO 37

OSSERVARE LO SPAZIO 51

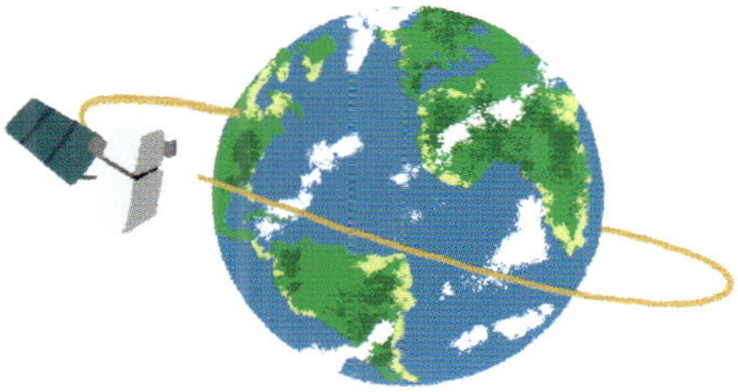

ALLA CONQUISTA DELLO SPAZIO 65

INDICE DELLE PAROLE 92

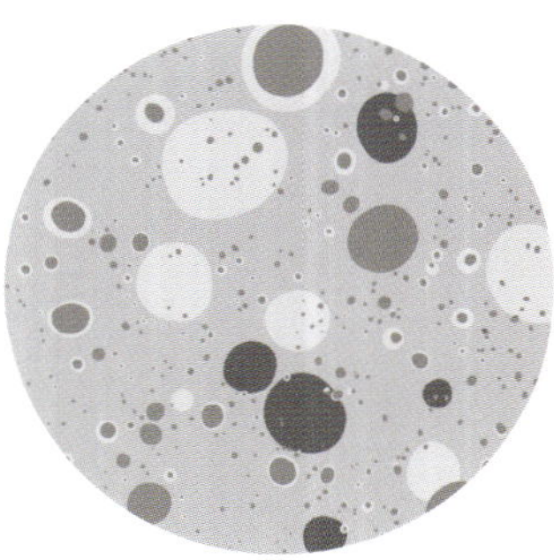

LA TERRA E IL CIELO

GLI OCCHI VERSO IL CIELO

Agli uomini è sempre piaciuto guardare il cielo, vedere il Sole sorgere e tramontare, osservare la Luna e le stelle che appaiono al calar della notte.

Per i coraggiosi che amano alzarsi presto, l'alba è uno spettacolo magico!

In pieno giorno, a volte possiamo vedere il Sole e la Luna contemporaneamente. È fantastico! Ma le stelle dove sono?

LE STELLE GIOCANO A NASCONDINO

In pieno giorno, la luce del Sole è così forte che non riusciamo a vedere le stelle.

A volte di notte le stelle si nascondono dietro le nuvole!

Nelle grandi città, c'è troppa luce artificiale per poter vedere le stelle.

IL NOSTRO PIANETA

È l'unico pianeta che conosciamo dove c'è vita. In grande parte ricoperta d'acqua, la Terra è soprannominata per questo il pianeta blu.

L'atmosfera è un involucro d'aria che circonda la Terra. È composto da 5 strati.

1. La **troposfera** è lo strato più vicino alla Terra, nel quale volano gli aeroplani.

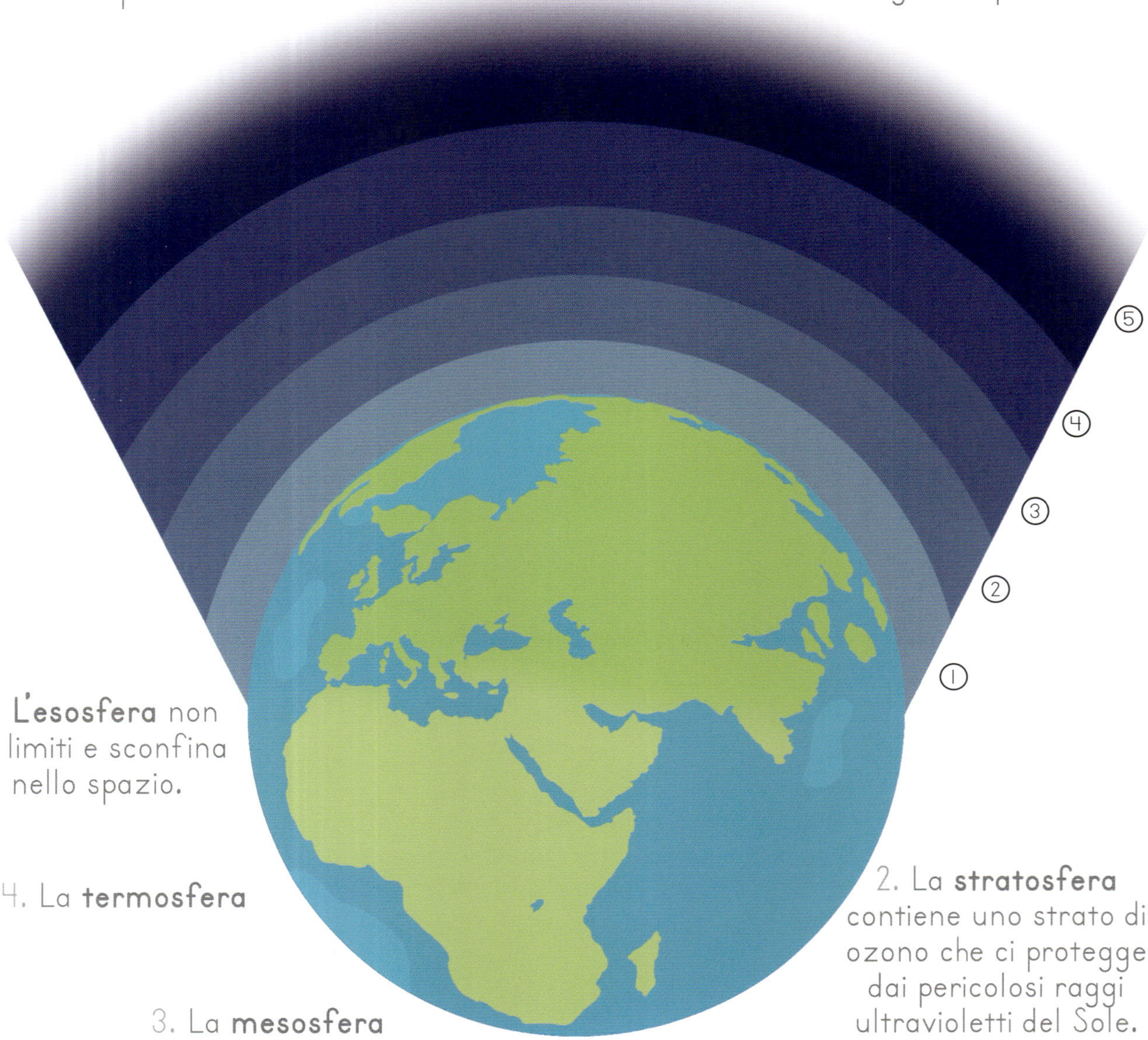

5. **L'esosfera** non ha limiti e sconfina nello spazio.

4. La **termosfera**

3. La **mesosfera**

2. La **stratosfera** contiene uno strato di ozono che ci protegge dai pericolosi raggi ultravioletti del Sole.

La Terra è nata 4,5 miliardi di anni fa. A quei tempi era una grande palla incandescente.

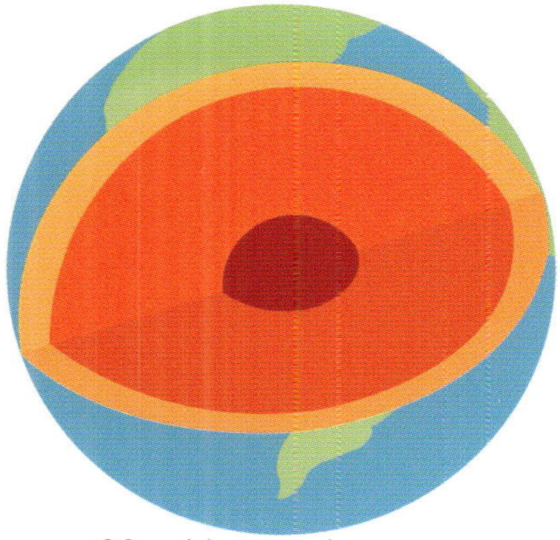

Oggi si è raffreddata, ed è composta da tre **strati:** nucleo, mantello e la crosta fatta di placche.

Le placche si muovono lentamente. Scontrandosi fra loro, hanno formato le montagne.

Negli oceani, il movimento delle placche che si scontrano ha creato fosse molto profonde.

UN PIANETA ATTIVO

La Terra è ancora oggi un pianeta attivo.
In superficie, i vulcani eruttano regolarmente...

...e a volte i terremoti fanno tremare il nostro pianeta causando molti danni.

IL CIELO... NOTTE E GIORNO!

Blu, grigio, azzurro, sereno o nuvoloso, nero dopo il tramonto o trapunto di stelle, il cielo cambia aspetto molto spesso.

Il ciclo dell'acqua

I colori del cielo

La **luce** del Sole ci sembra bianca, ma in realtà è composta da **7 colori.**

Durante il giorno l'atmosfera diffonde i raggi blu di quella luce, e il cielo appare blu.

Le nuvole appaiono bianche perché, cariche di goccioline d'acqua, riflettono tutti i colori della luce del Sole.

Se la luce del Sole attraversa le gocce d'acqua sospese nell'aria dopo la pioggia, si rifrange in tanti colori che formano **l'arcobaleno.**

Buum! Quando scoppia un temporale, il cielo diventa scuro e illuminato dai fulmini.

A sera il Sole tramonta all'orizzonte e il cielo assume un magnifico colore rosso aranciato.

IL SOLE, LA NOSTRA PREZIOSA STELLA

Senza il calore e la luce di questa enorme palla di gas incandescente, la vita non sarebbe possibile sulla Terra!

Il Sole si è formato 5 miliardi di anni fa.

È fatto di **gas** che bruciano in continuazione.

La temperatura del Sole è di 15 milioni di gradi Celsius al centro, e di 6000 °C in superficie.

Le **zone** più scure sono le aree più fredde.

Le sue dimensioni sono **gigantesche:** potrebbe contenere oltre un milione di pianeti come la nostra Terra!

Dalla Terra, il Sole lassù in cielo ci sembra piccolo piccolo...

...perché è molto lontano del nostro pianeta, circa 150 milioni di chilometri!

Eppure è la stella più vicina alla Terra, che ci illumina e ci riscalda.

Per arrivare sulla Terra, la sua luce impiega 8 minuti.

RAGGI UTILI... MA PERICOLOSI!

Con i pannelli solari possiamo utilizzare l'**energia** del Sole trasformata in elettricità.

Ma attenzione! I raggi diretti del Sole possono essere **pericolosi!** Dobbiamo proteggerci la pelle e gli occhi.

LA TERRA IN MOVIMENTO

Non ce ne rendiamo conto, ma la Terra è in costante movimento: ruota su se stessa mentre gira intorno al Sole!

Come una trottola, la Terra ruota su se stessa e compie un intero giro in 24 ore. Questo movimento è chiamato **rotazione.**

In ogni momento, metà del nostro pianeta è in pieno giorno e l'altra metà in piena notte...

...e siccome ruota in continuazione, il giorno e la notte si alternano.

IL MOTO APPARENTE DEL SOLE

Così abbiamo l'impressione che il Sole, che al mattino sorge a est e alla sera tramonta ad ovest, si muova nel cielo... Ma è la Terra a muoversi!

Le stagioni

La Terra ruota attorno al Sole in 365 giorni o un **anno**. Questo movimento è chiamato rivoluzione. Durante l'anno, i vari luoghi della Terra non ricevono i raggi del Sole allo stesso modo, perché l'asse di rotazione della Terra è inclinato. Questo spiega le **stagioni**.

Quando è inverno nell'**emisfero settentrionale**, questa zona riceve poca luce e calore. Nell'**emisfero sud** è estate.

Quando è estate nell'**emisfero settentrionale**, questa zona riceve molta luce e calore. Nell'**emisfero sud** è inverno.

LA NOSTRA LUNA

Vista dalla Terra, la Luna sembra cambiare continuamente forma. Non brilla di luce sua, ma riflette la luce del Sole.

Le fasi lunari

Ci vogliono 28 giorni perché la Luna completi un'intera orbita intorno alla Terra. Durante questo ciclo, vediamo la sua faccia illuminata, parzialmente o per intero, dal Sole.

Il primo **quarto**

Nella fase **gibbosa crescente** la Luna si vede quasi per intero

La Luna **nuova** è invisibile

LA LUNA

La Luna è nata da una **collisione** tra la Terra e un pianeta vagante. I detriti causati dall'impatto...

...si sono infine aggregati formando la Luna.

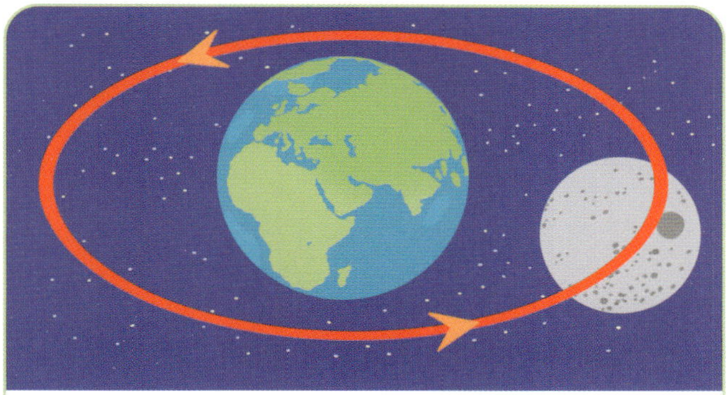

Da allora, la Luna è diventata il **satellite naturale** della Terra.

La Luna è 50 volte più piccola della Terra e 400 volte più piccola del Sole.

A poco a poco, la Luna si sta allontanando dalla Terra, circa 4 cm all'anno.

La Luna attrae l'acqua dagli oceani e provoca le **maree**.

LA LUNA AL MICROSCOPIO

La superficie della Luna è grigia e ricoperta di polvere. È un satellite senza vita, senza aria e senza acqua.

Sul suolo lunare vi sono **crateri** più o meno grandi.

Le grandi macchie scure sono chiamate **mari**, anche se non contengono acqua.

Questi mari un tempo erano pieni di lava creata dai vulcani.

A differenza della Terra, la Luna non ha atmosfera.

Sulla Luna ci sono **montagne.**

Le vette più alte superano gli 8.000 m.

Le temperature possono raggiungere i 120 °C durante il giorno e scendere a −170 °C durante la notte. Impossibile viverci!

È inutile urlare sulla Luna! Senza atmosfera, infatti, nessun suono può propagarsi. Il silenzio è totale.

ESPRESSIONI... LUNARI!

Essere sulla Luna: significa essere distratti, assenti, persi nei propri pensieri.

Volere la Luna: cercare di ottenere qualcosa di impossibile.

Avere la Luna storta: essere di pessimo umore.

CHI GIOCA A NASCONDINO?

La Luna orbita attorno alla Terra, che a sua volta orbita attorno al Sole. In questa danza permanente, i tre a volte... giocano a nascondino!

Un'eclissi di Sole

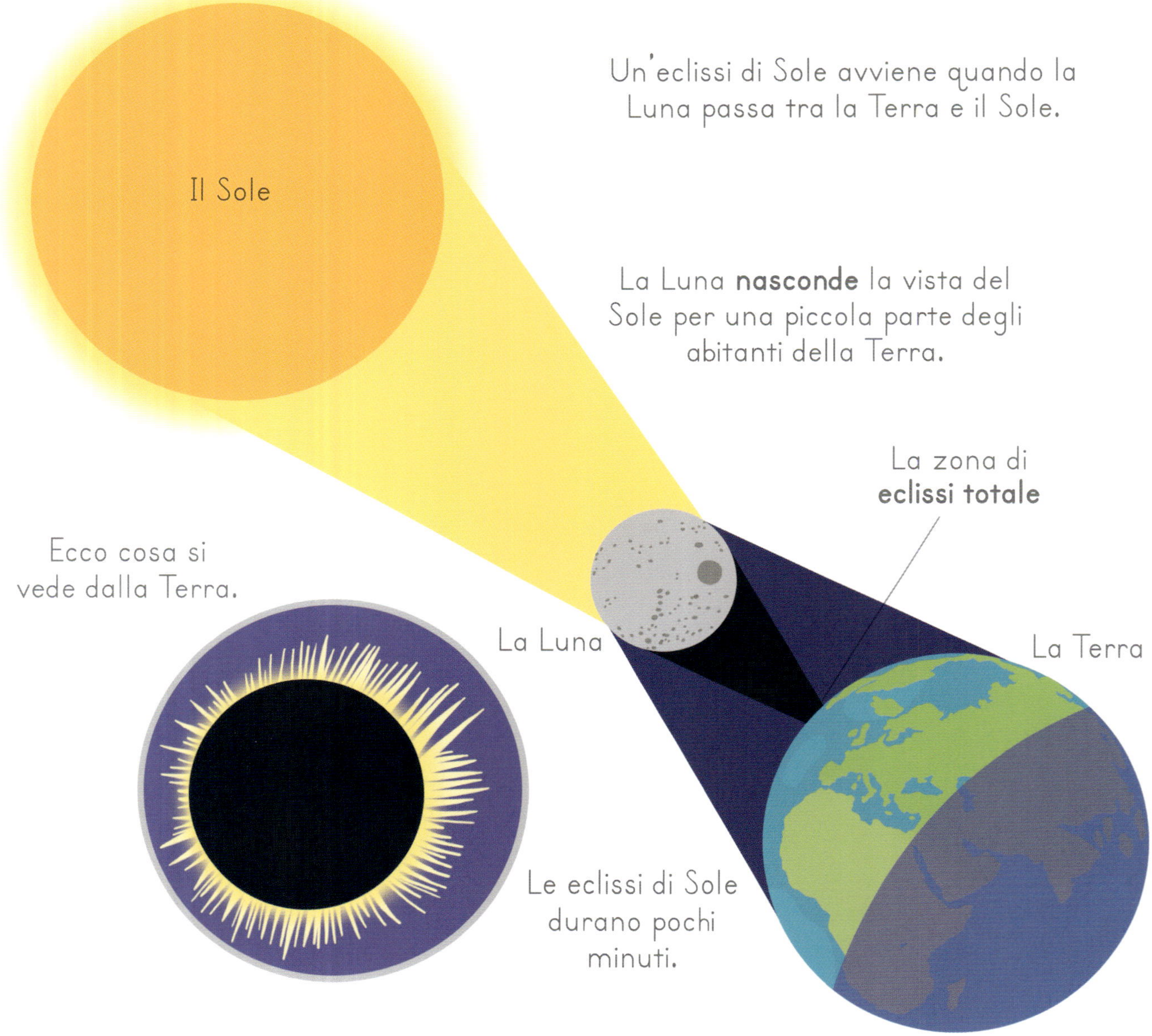

Un'eclissi di Luna

Un'eclissi di Luna si ha quando la Luna si trova nel cono d'ombra della Terra e non è più illuminata dal Sole.

Questo è ciò che vediamo dalla Terra.

UN'ECLISSI TOTALE DI SOLE

Il 2 luglio 2019, in Cile, si è potuto osservare un'eclissi di Sole totale.

Non guardare mai il Sole ad occhio nudo! Sono necessari degli occhiali protettivi.

Gli spettatori hanno assistito a 2 minuti e 36 secondi di notte fonda... in pieno giorno!

NEL CUORE DEL SISTEMA SOLARE

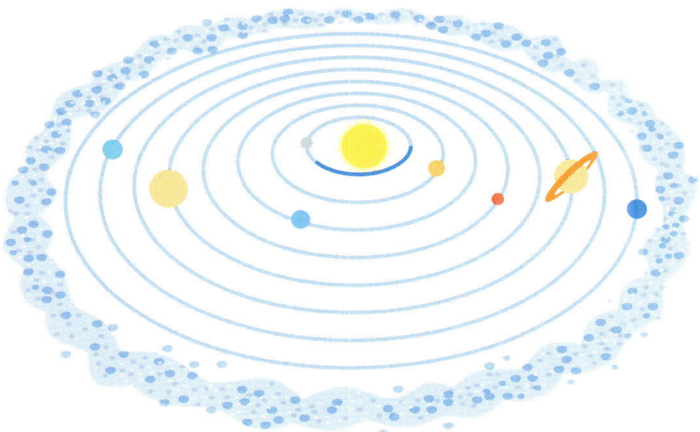

LA FAMIGLIA DEL SOLE

Attorno al Sole girano senza mai fermarsi otto pianeti, compresa la Terra, e milioni di corpi celesti fatti di sassi, gas e polvere.

Una **stella** è una grande sfera che **produce** luce.

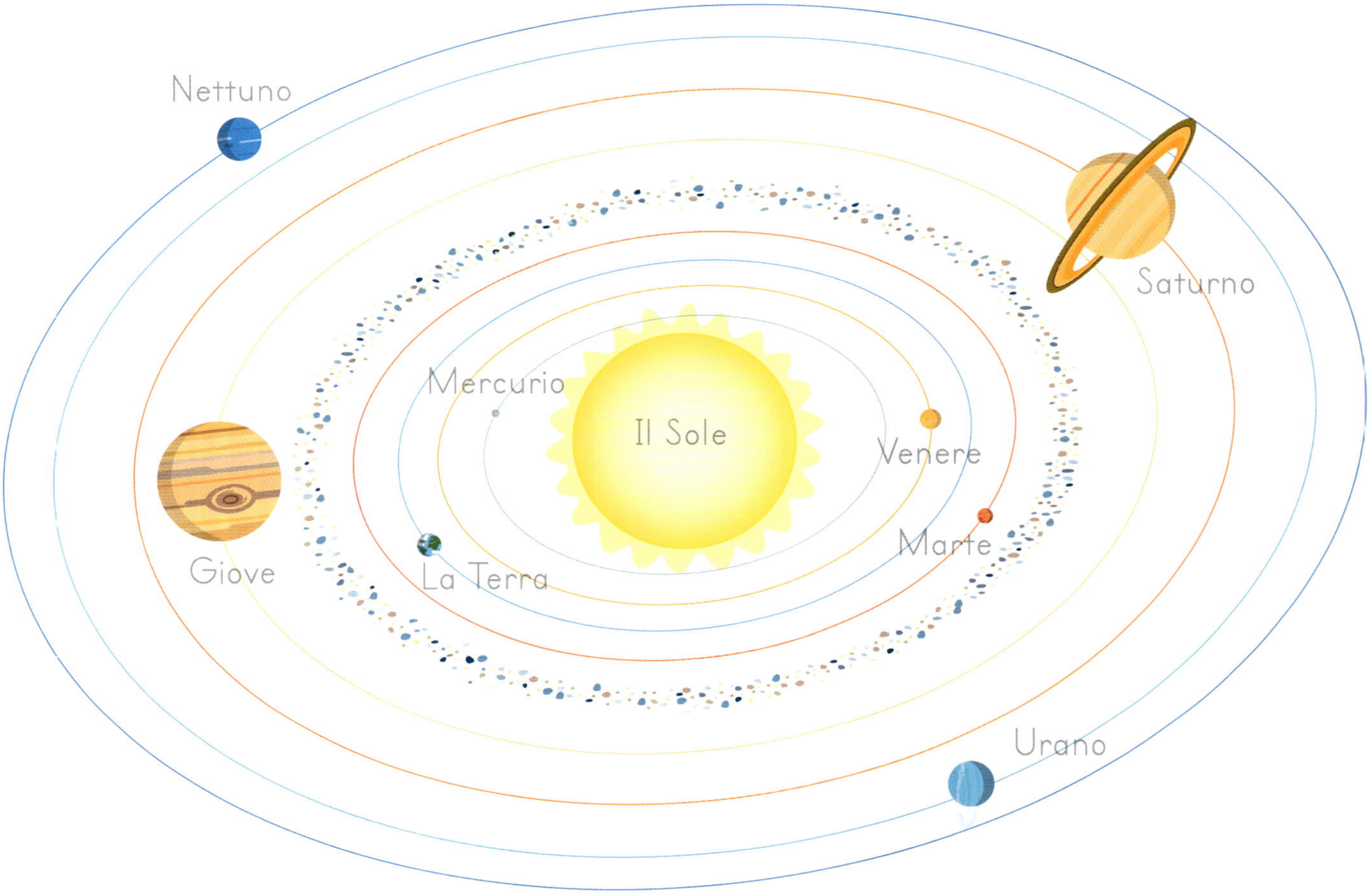

Anche i **pianeti** sono sfere, ma sono molto più piccoli e non producono luce.

LA NASCITA DEL SISTEMA SOLARE

Il Sole è nato da una gigantesca nuvola di gas e polveri in rotazione ad altissima velocità.

I gas e le polveri residue si sono poi solidificati in un disco che vorticava intorno al Sole...

...formando infine otto pianeti, inclusa la Terra.

Ogni pianeta ruota attorno al Sole su un percorso invisibile chiamato **orbita.**

Ogni pianeta ruota anche su se stesso, più o meno velocemente.

Sei degli otto pianeti hanno satelliti che ruotano intorno a loro.

I PIANETI ROCCIOSI

I quattro pianeti più vicini al Sole sono fatti di roccia e metallo e hanno una superficie solida. Si chiamiamo pianeti rocciosi o tellurici.

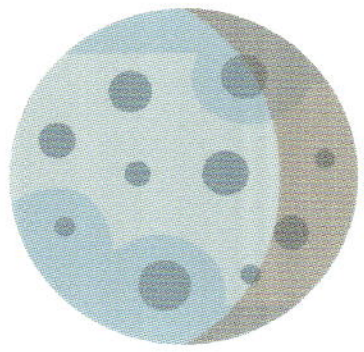

Mercurio è il più piccolo e il più vicino al Sole.

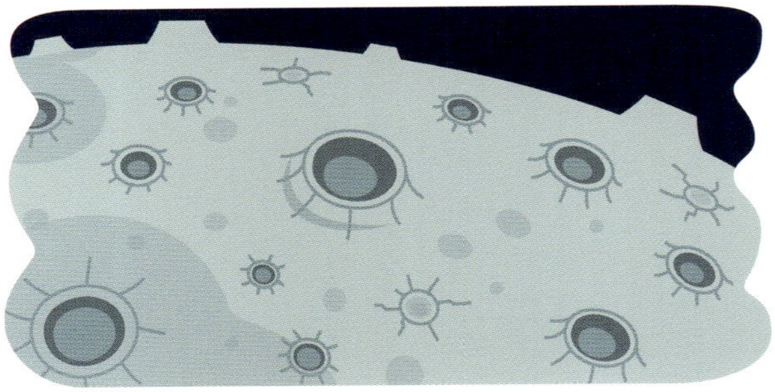

La sua superficie è grigia e ricoperta di crateri, come quella della Luna.

Venere è circondata da uno spesso strato di nuvole che trattengono il calore: su Venere fa molto caldo, oltre 400 °C!

Di notte la vediamo brillare intensamente tanto che è soprannominata **Stella della sera** o **Stella del mattino.** Ma non è una stella, è un pianeta!

La **Terra** è il più grande dei quattro pianeti rocciosi.

Ed è l'unico pianeta a ospitare milioni di specie viventi!

Marte è soprannominato il pianeta rosso a causa del colore della sua superficie, che contiene molto ossido di ferro di colore rossiccio.

Compie un'intera rotazione su se stesso in poco più di 24 ore, quasi come la Terra.

Ha i poli **ghiacciati**.

Marte ha un gigantesco **canyon** chiamato Valles Marineris.

Sul pianeta soffiano grandi **tempeste** di sabbia.

Su Marte fa molto freddo, circa −63 °C!

Marte ha due piccoli satelliti, **Phobos** e **Deimos**.

I PIANETI GASSOSI

I quattro pianeti più lontani dal Sole sono composti prevalentemente da gas!

Giove il gigante

È il più grande pianeta del sistema solare. Ha 63 satelliti. Da almeno 300 anni, una gigantesca tempesta, la **Grande Macchia Rossa**, infuria sulla sua superficie.

Saturno e i suoi anelli

Che spettacolo! Saturno è davvero meraviglioso con i suoi **anelli planetari** fatti di polveri e ghiaccio che gli orbitano intorno! Questo enorme pianeta di gas, però, è così leggero che se potessimo metterlo in acqua... galleggerebbe!

Urano e Nettuno, i gemelli lontani

Urano ha una posizione divertente, è "sdraiato" su un fianco! Qual è il motivo del suo asse tanto inclinato? Si pensa che sia stato colpito da un pianeta di passaggio...

Questo gigante di ghiaccio è formato da una miscela di acqua, metano e ammoniaca.

Come è bello **Nettuno!** È il metano, il gas di cui è composto, che gli dà questo fantastico colore blu.

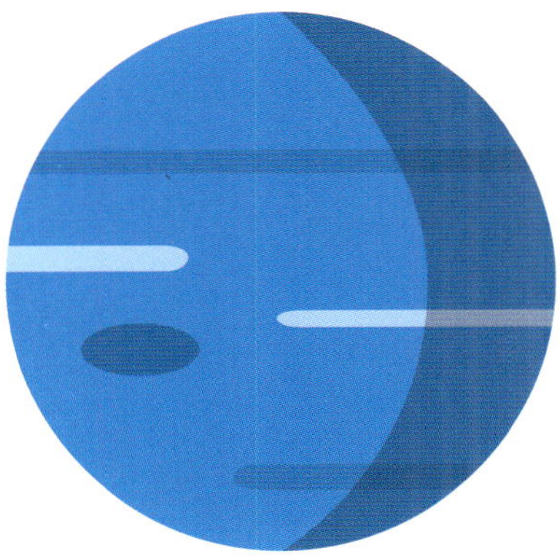

È così lontano dal Sole che gli occorrono 165 anni per fargli un giro completo intorno! E per questo è anche molto freddo: −220 °C!

CADUTI DAL CIELO

La fascia principale degli asteroidi è formata da milioni di corpi celesti di roccia e metallo che ruotano attorno al Sole, tra le orbite di Marte e Giove.

Gli asteroidi sono i resti della formazione di pianeti, e hanno circa 4,5 miliardi di anni.

Alcuni sono molto piccoli, delle dimensioni di ciottoli.

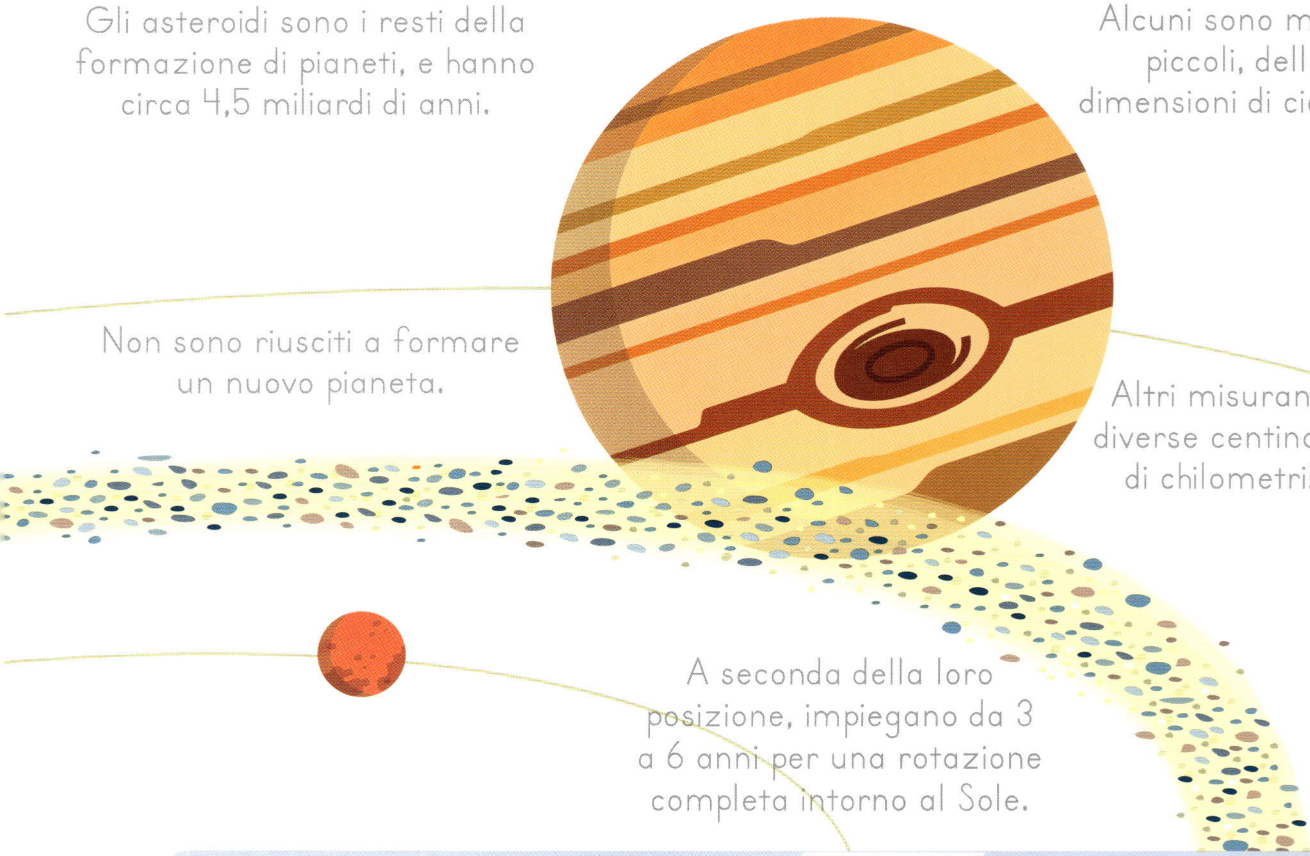

Non sono riusciti a formare un nuovo pianeta.

Altri misurano diverse centinaia di chilometri!

A seconda della loro posizione, impiegano da 3 a 6 anni per una rotazione completa intorno al Sole.

Lo sapevi?

La fine dei dinosauri

Circa 65 milioni di anni fa l'impatto di un enorme asteroide sulla Terra si pensa sia stato la causa dell'estinzione dei dinosauri.

CADUTA MASSI!

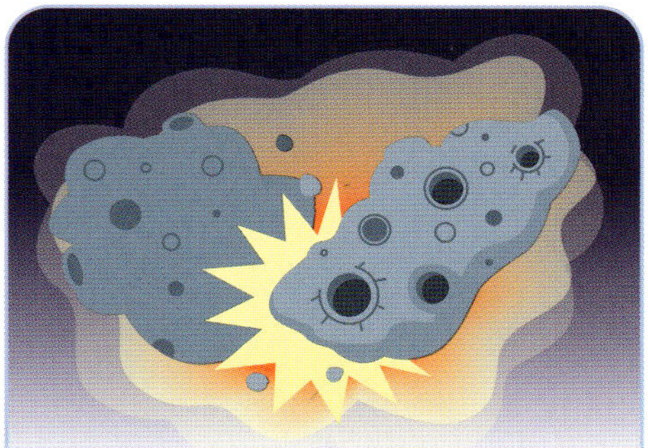

Quando due asteroidi si scontrano, i **detriti** vagano nello spazio.

Questi detriti a volte **cadono** verso la Terra.

Quando un asteroide in caduta verso la Terra entra a contatto con l'**atmosfera** si riscalda...

...fino a disintegrarsi, e ascia una scia luminosa: noi le chiamicmo **stelle cadenti**!

Ma a volte un asteroide non si distrugge completamente a contatto con la nostra atmosfera... e si schianta sulla Terra!

Si parla quindi di **meteoriti.** Se non cadono in mare, nel punto di im patto troviamo un profondo cratere!

LE COMETE

Le comete sono corpi celesti fatti di gas ghiacciati e polvere di roccia. Vagano nello spazio, e se si avvicinano alla Terra riusciamo a vederle!

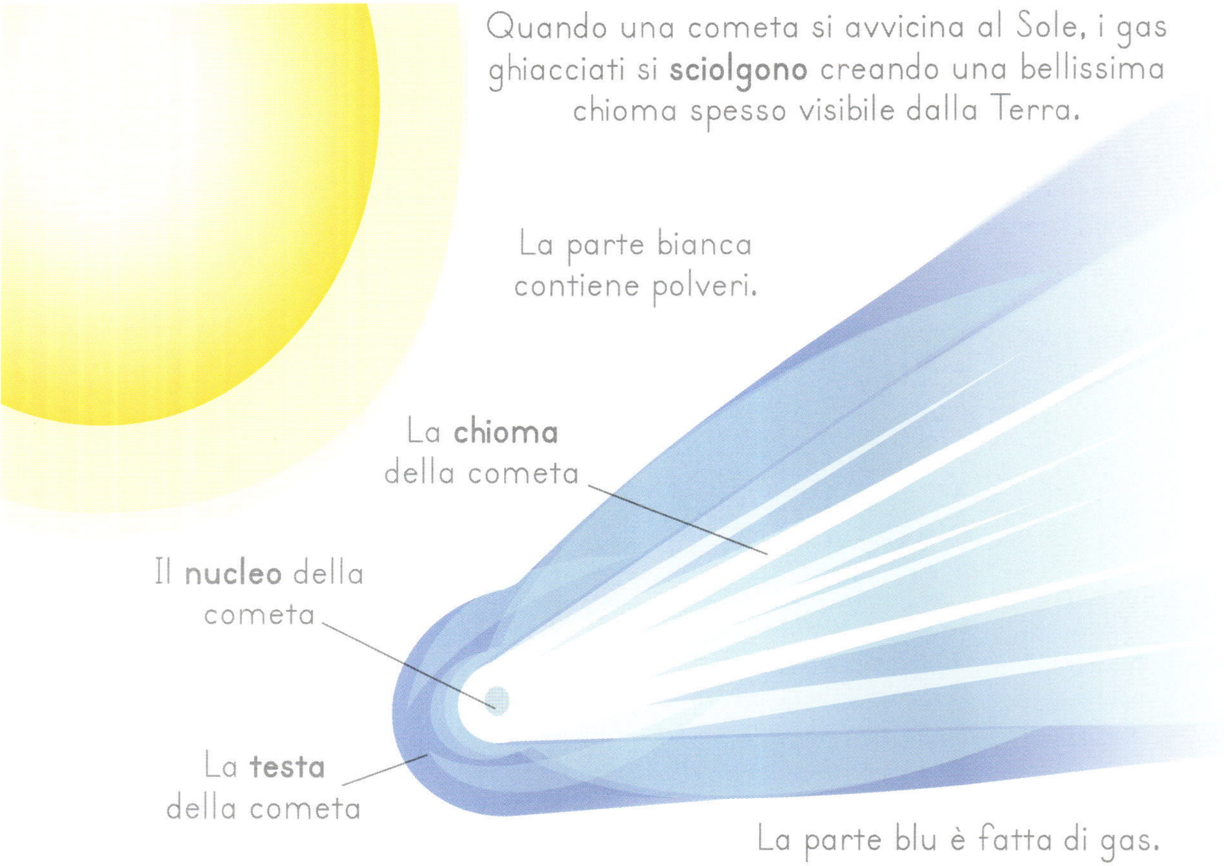

DA DOVE VENGONO LE COMETE?

Le comete provengono da:

La fascia di Kuiper, costituita di piccoli corpi celesti congelati, situata oltre Nettuno.

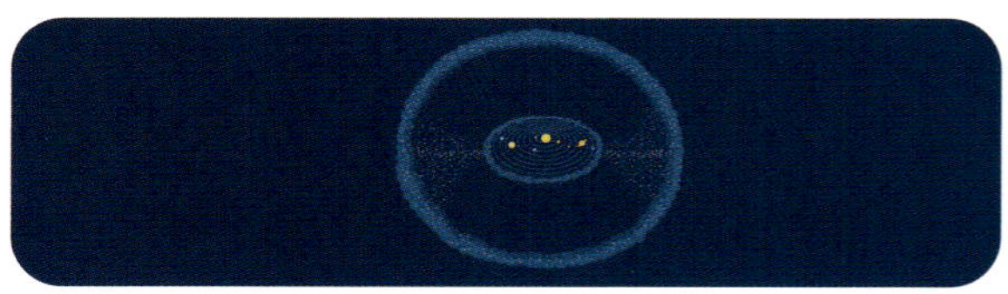

La **nube di Oort**, composta di comete, situata nello spazio profondo.

LA COMETA DI HALLEY

Sin dall'antichità, i cinesi avevano osservato in cielo una stella con un grande pennacchio.

Possiamo vedere rappresentata una cometa sul famoso Arazzo di Bayeux.

Nato nel 1656 in Inghilterra, **Edmond Halley** fu un astronomo appassionato sin dall'età di 17 anni.

Con l'aiuto del suo amico **Isaac Newton**, seppe prevedere che la cometa (a cui diedero poi il suo nome) si avvista dalla Terra ogni 76 anni circa.

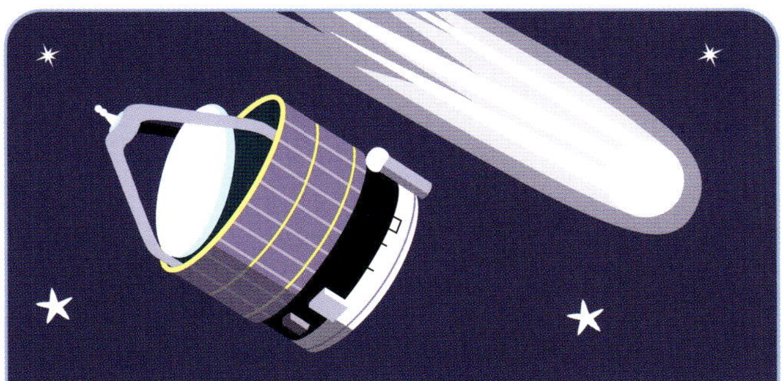

Nel 1985, la sonda Giotto si avvicinò molto alla cometa di Halley: 600 km dal suo nucleo.

Nel 1986, la cometa di Halley passò di nuovo vicino alla Terra. Il suo prossimo il passaggio è previsto per il 2061.

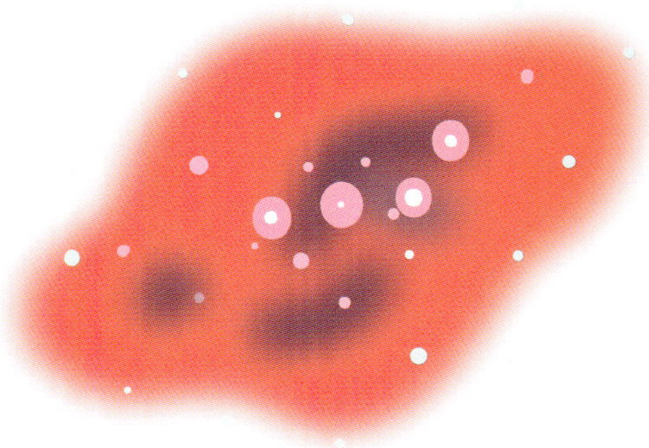

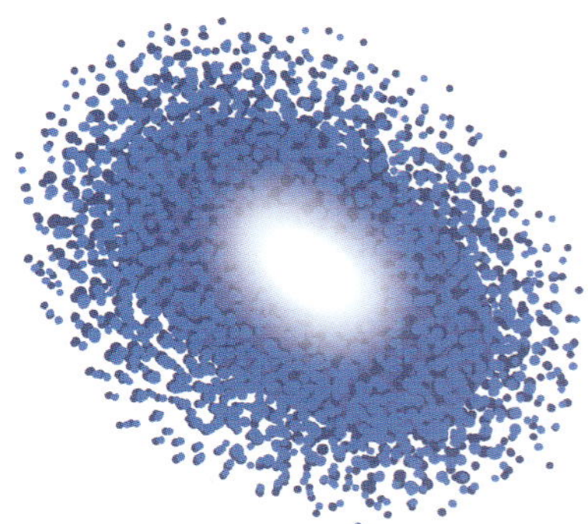

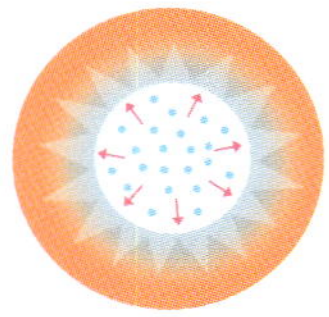

ALLA SCOPERTA DELL'UNIVERSO

LA NASCITA DELL'UNIVERSO

Gli scienziati pensano che tutto sia iniziato da un'immensa esplosione.

Questa esplosione è nota come "**Big Bang**", che in inglese significa "grande esplosione".

Il Big Bang avrebbe creato una quantità enorme di "palline" di materia, chiamate particelle.

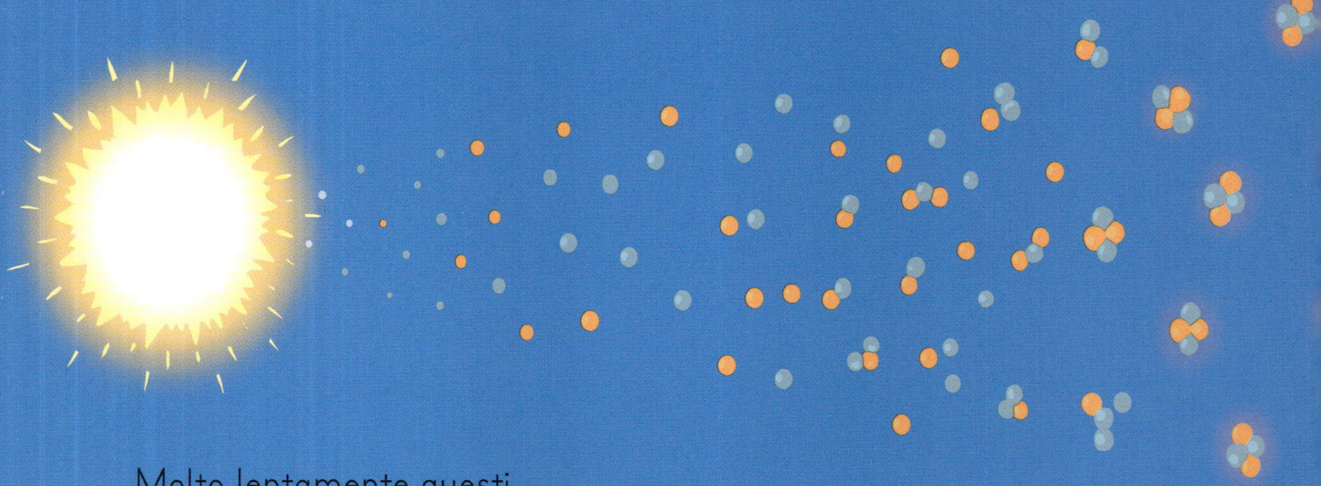

Molto lentamente questi frammenti di materia si sono uniti gli uni agli altri, e accorpandosi hanno formato tutto ciò che costituisce il nostro Universo: le stelle, i pianeti, le galassie.

Per far sì che l'Universo sia come lo conosciamo oggi ci sono voluti miliardi di anni!

Il nostro Universo ha una storia: è nato 14 miliardi di fa anni e da allora non ha mai smesso di crescere...

Il Big Bang è una **teoria**, vale a dire una spiegazione data dagli scienziati. Certo non possiamo essere sicuri che sia andata proprio così, perché all'epoca non c'era nessuno che potesse vedere cosa realmente stava succedendo!

Per ora, questa è la migliore spiegazione che abbiamo sull'origine dell'Universo.

Dalla sua nascita, l'Universo ha continuato a crescere: si dice che si sta **espandendo**, proprio come un palloncino che si gonfia.

UNA PIOGGIA DI STELLE

Viste dalla Terra, le stelle sembrano piccole luci tutte uguali. In realtà sono gigantesche palle di gas tutte diverse l'una dall'altra!

La dimensione delle stelle

Il Sole ci sembra grande perché è molto vicino alla Terra.

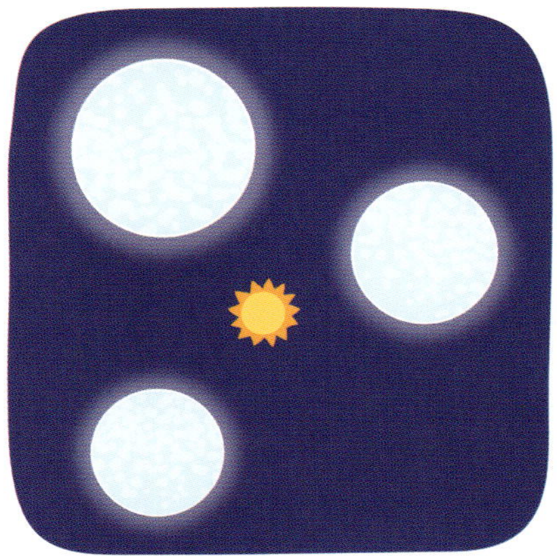

Ma le altre stelle sono per la maggior parte molto più grandi del Sole...

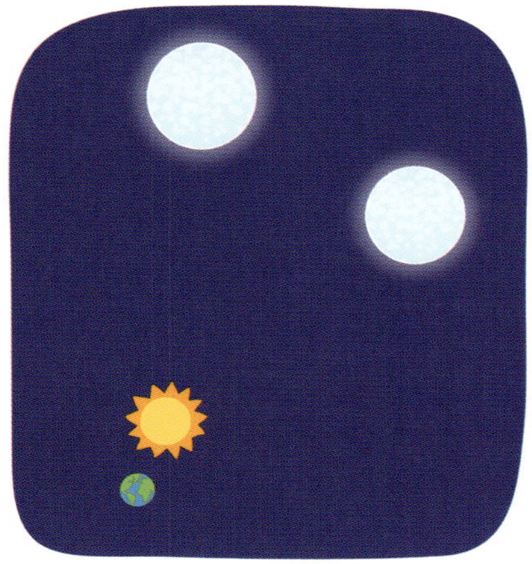

...ma anche molto più lontane dalla Terra!

Il nostro Sole è una stella di dimensioni medio-piccole.

Arturo, per esempio, è 20 volte più grande...

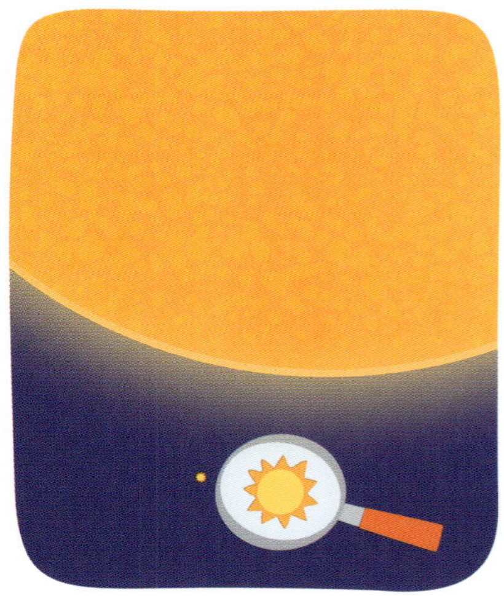

...e **Betelgeuse** addirittura 600 volte più grande del Sole!

Il colore delle stelle

A occhio nudo non ce ne accorgiamo, ma le stelle non hanno tutte lo stesso colore!

Ci sono stelle rosse, arancioni, gialle, bianche e anche blu.

Il colore di una stella dipende dalla sua **temperatura**.

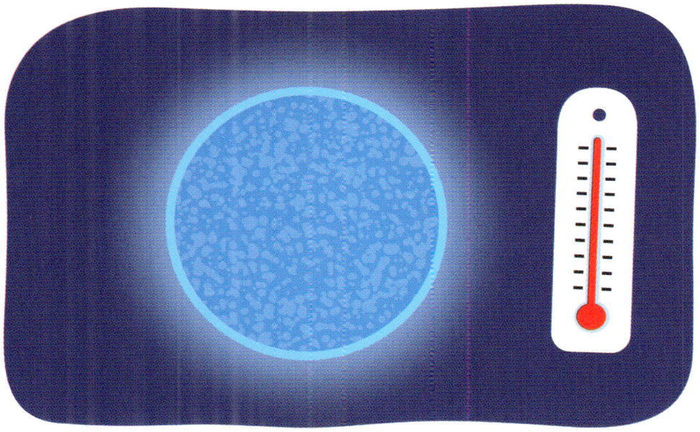

Le stelle blu sono le più calde.

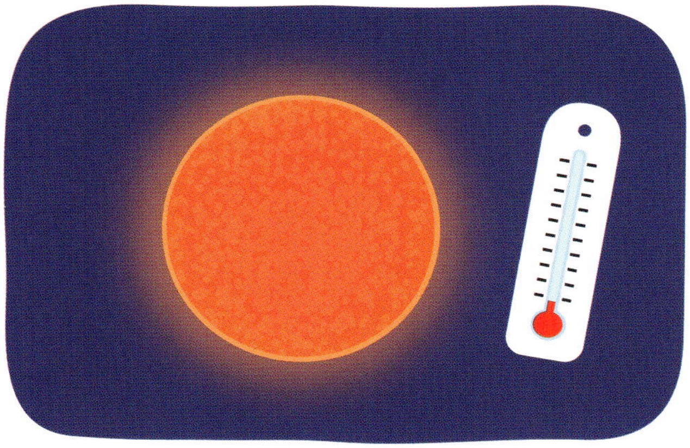

Le stelle rosse sono le meno calde.

Tra le stelle blu e quelle rosse ci sono le stelle gialle, come il Sole.

È NATA UNA STELLA!

Le stelle nascono, crescono, vivono molto a lungo e quindi muoiono, proprio come noi!

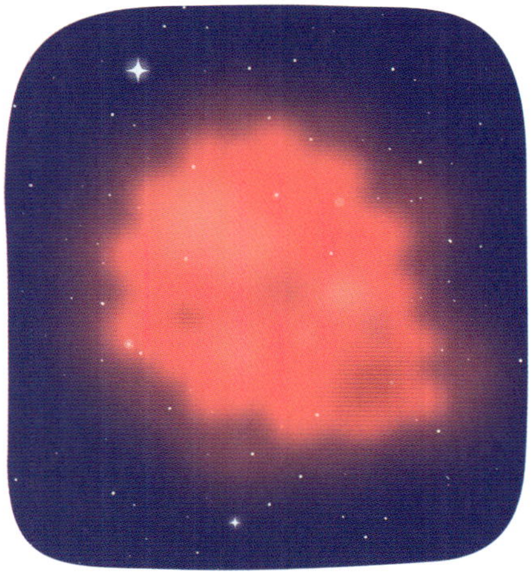

Le stelle nascono dalle **nebulose,** enormi nuvole fatte di gas e polveri.

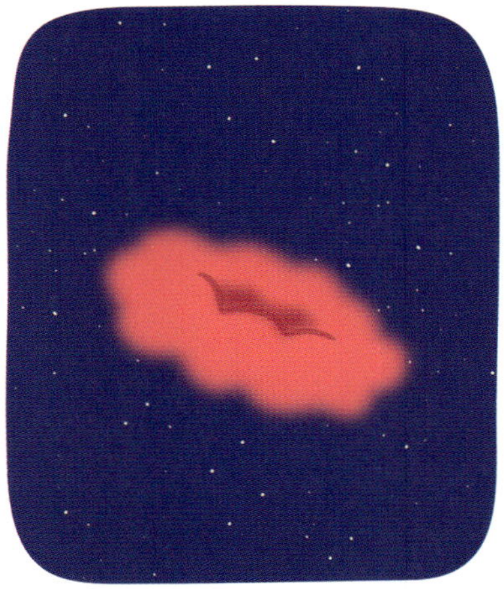

Un bel giorno, la nebulosa comincia ad addensarsi sempre di più.

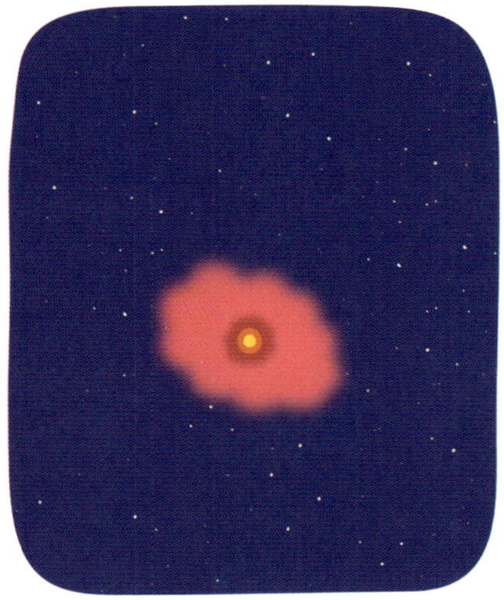

Il nucleo di questa "nuvola" diventa sempre più caldo.

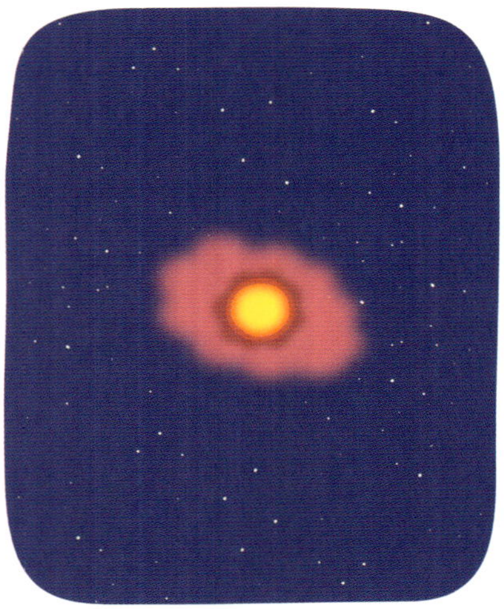

Quando la temperatura supera i 10 milioni di gradi il nucleo...

...inizia a **brillare**: è nata una stella!

Per nascere, una stella impiega milioni di anni!

UNA MOVIMENTATA... VITA DA STAR!

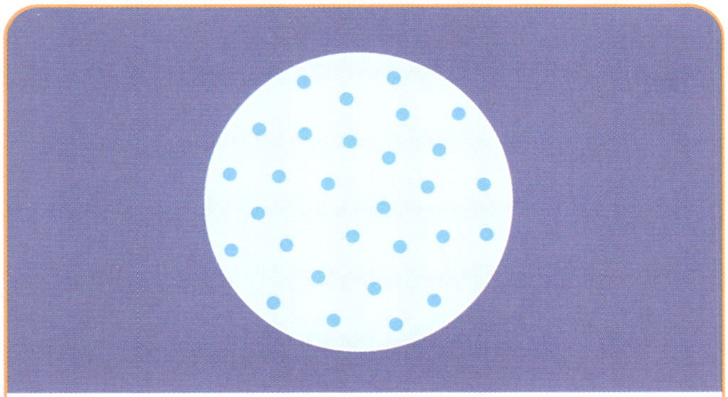

Le stelle sono costituite da un gas, l'**idrogeno.**

È grazie all'idrogeno che possono vivere.

All'inizio della sua vita, una stella contiene molto idrogeno.

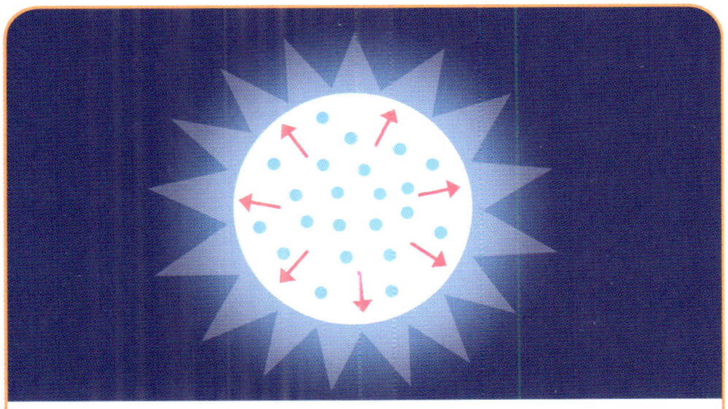

Poi, poco per volta, la stella utilizza questo gas e inizia a brillare.

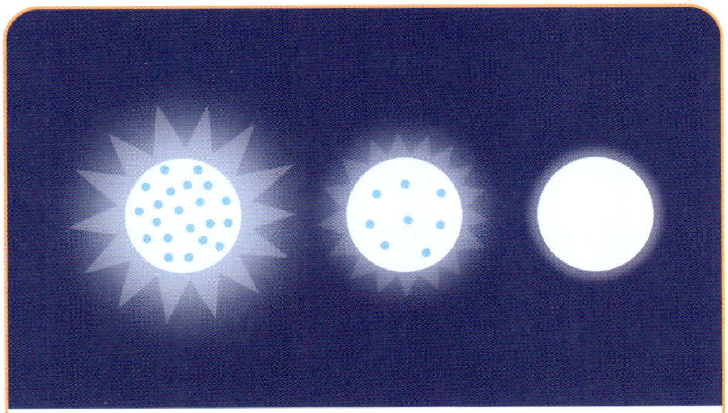

Quando non ha più riserve di idrogeno, la stella muore!

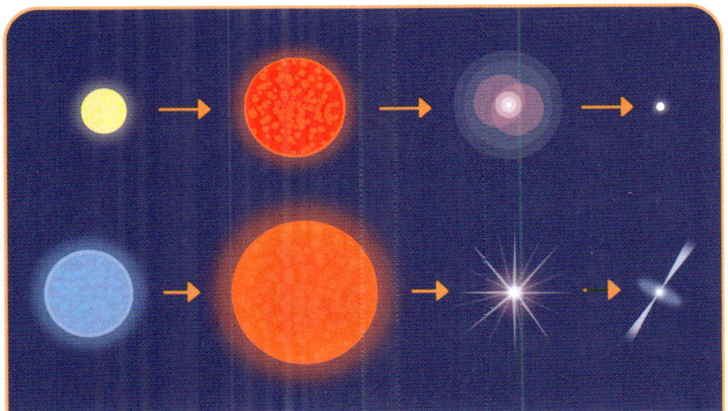

A seconda delle dimensicni, le stelle si spengono in un modo diverso.

LE COSTELLAZIONI

Per orientarsi, gli uomini hanno immaginato linee che collegano le stelle creando delle forme che hanno chiamato costellazioni.

Ovviamente le stelle di queste costellazioni non sono affatto collegate tra loro!

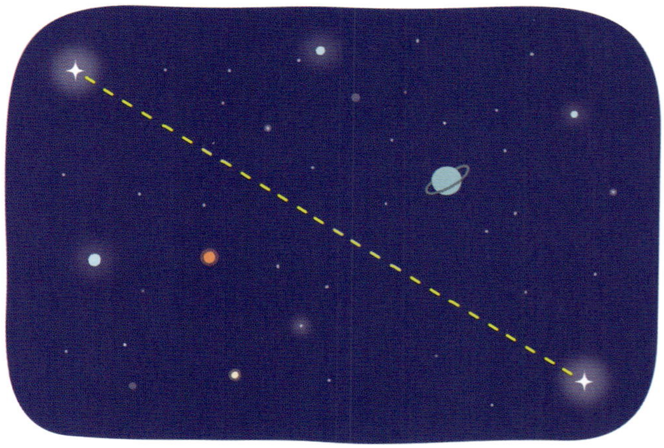

Anzi, spesso le stelle sono tra loro lontanissime!

Conosciamo 88 costellazioni: alcune hanno nomi di animali, altre di déi della mitologia.

A seconda della posizione in cui siamo sulla Terra, vediamo costellazioni diverse.

Ecco alcune costellazioni...

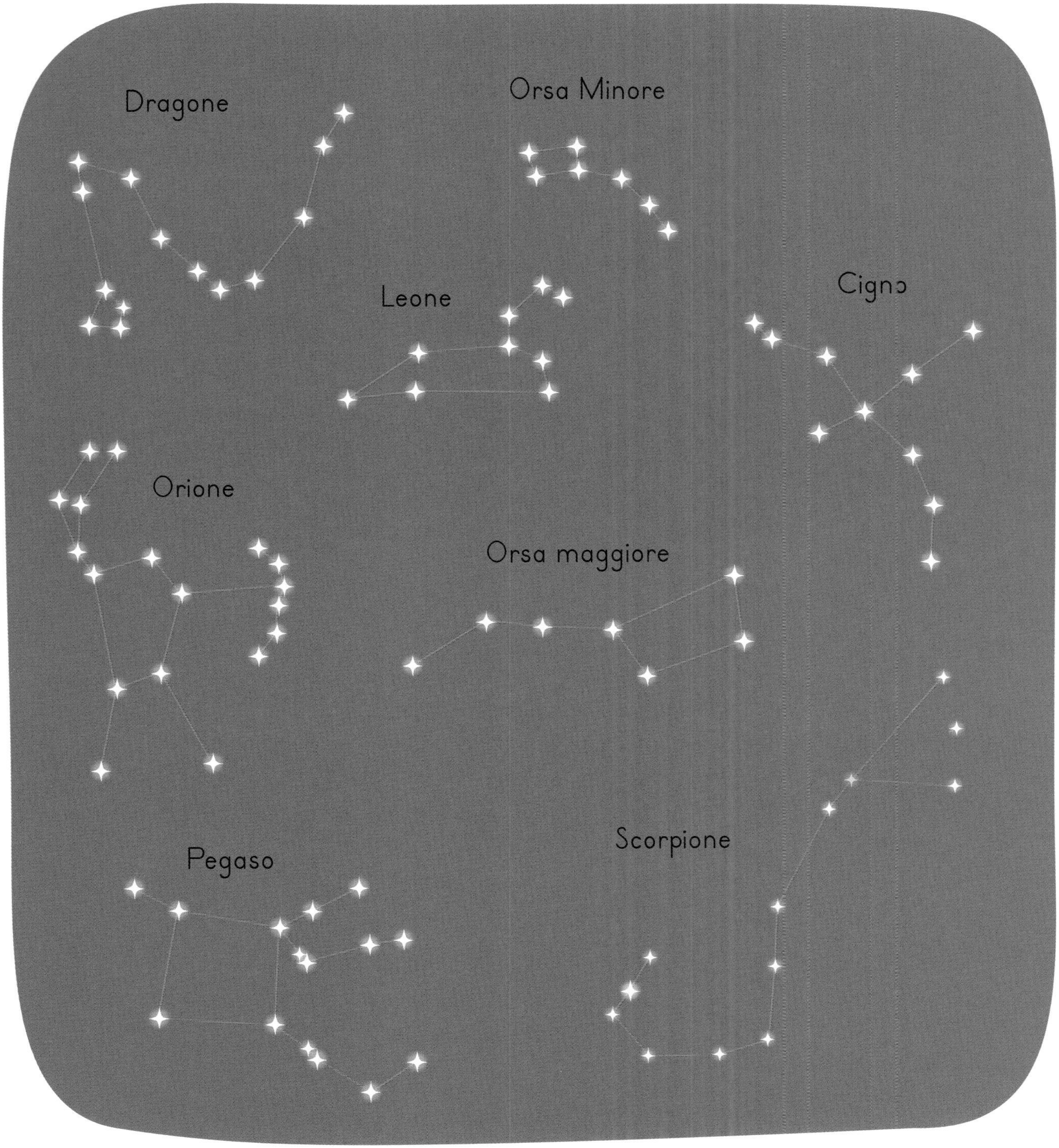

LA VIA LATTEA, LA NOSTRA GALASSIA

La Via Lattea è la nostra galassia.

Il nome "galassia" deriva dal greco galaxìas, che significa "latteo".

Il nostro Sole è solo una dei miliardi di stelle della via Lattea.

Il nostro Sistema solare (e quindi anche la Terra!) si trova su uno dei bracci della spirale.

Più precisamente sul **Braccio di Orione.**

Il nostro Sistema solare e tutte le stelle che vediamo dalla Terra fanno parte di una famiglia molto numerosa: quella della Via Lattea.

La nostra galassia ha la forma di una **spirale.**

Una galassia è un enorme gruppo di stelle.

Per compiere un'orbita completa intorno alla Via Lattea, il Sistema solare impiega 240 milioni anni!

Non ce ne rendiamo conto ovviamente, ma tutte le stelle della Via Lattea ruotano attorno al centro della galassia stessa.

L'UNIVERSO INFINITO

La nostra Via Lattea è solo una dei miliardi di galassie presenti nell'Universo!

Esistono tre forme principali di galassie

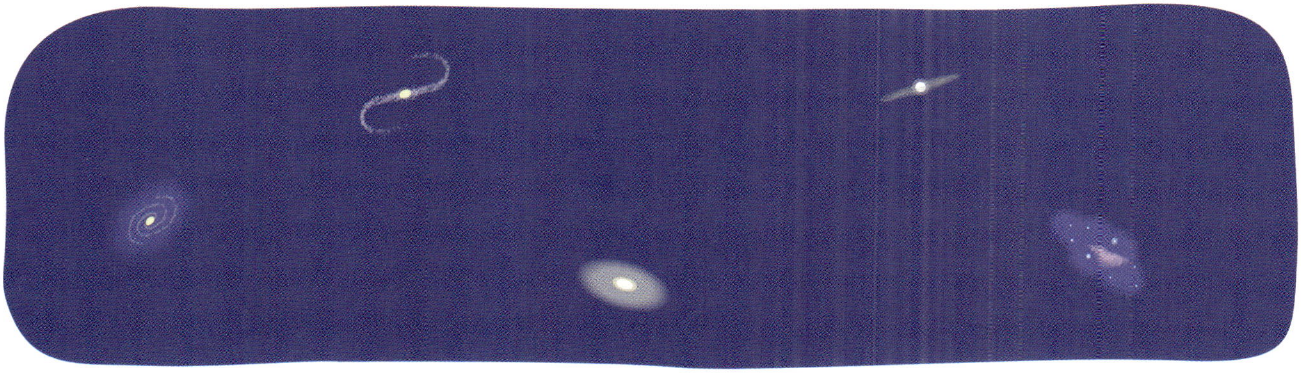

Tra le galassie c'è solo il **vuoto intergalattico**: niente stelle, niente pianeti, forse solo gas!

Questa è **Andromeda**, la galassia più vicina a noi. È a spirale, e assomiglia molto alla Via Lattea.

Può succedere che le galassie si **scontrino**! Probabilmente accadrà anche tra la nostra Via Lattea e la galassia di Andromeda. Questa collisione formerà un'unica galassia gigante, ma allo scontro mancano circa... 4 miliardi di anni!

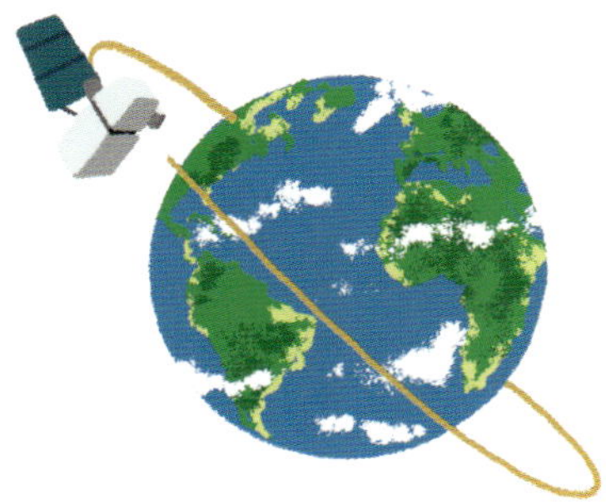

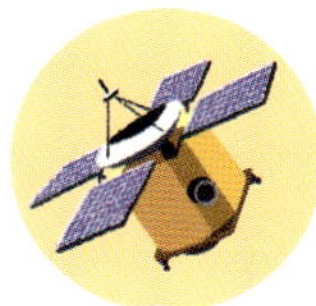

OSSERVARE LO SPAZIO

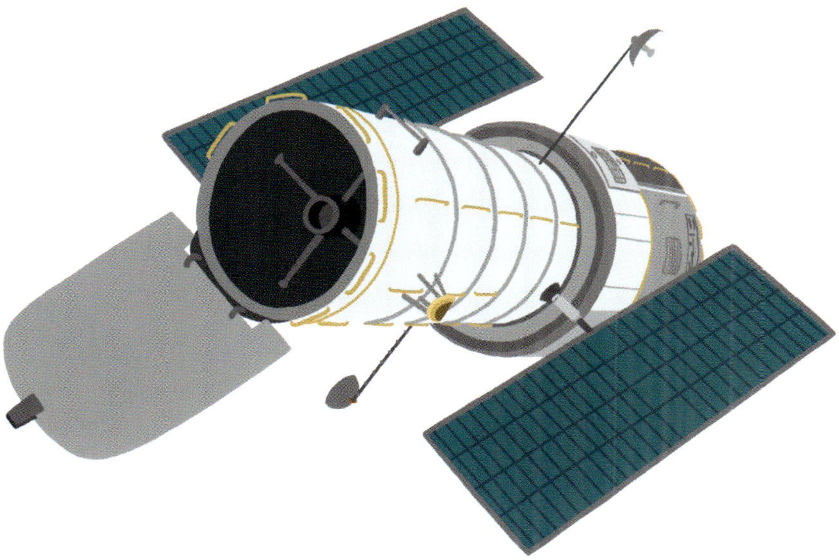

BREVE STORIA DELL'ASTRONOMIA

L'astronomia è la scienza che studia le galassie, le stelle, i pianeti e tutto ciò che c'è nello spazio. Gli uomini, infatti, da sempre hanno cercato di comprendere i misteri del cielo.

L'astronomia è la più antica delle scienze. Fin dalla preistoria l'uomo si interessò al cielo.

In Mesopotamia, i primi astronomi definirono le costellazioni e osservarono il pianeta Venere.

Nell'antico Egitto, consideravano la posizione delle stelle per i raccolti.

In questo antico osservatorio, i Maya studiarono le stelle e i pianeti.

Per secoli, l'umanità credette che la Terra fosse piatta e posta al centro dell'Universo.

I GRANDI ASTRONOMI

L'astronomo greco **Tolomeo** comprese che la Terra era sferica, ma continuò a credere che fosse immobile e al centro del Sistema solare.

Niccolò Copernico, un astronomo polacco, fu il primo ad affermare che tutti pianeti, compresa la Terra, ruotano invece attorno al Sole.

Tycho Brahe costruì due osservatori e vari strumenti di grande precisione per l'osservazione del cielo.

Nel 1609, **Galileo Galilei** inventò il cannocchiale, e scoprì 4 satelliti di Giove, i crateri della Luna e le macchie solari.

Grazie ai suoi calcoli, **Keplero** spiegò il movimento dei pianeti e le loro orbite intorno al Sole.

Isaac Newton, l'inventore del telescopio riflettore, è famoso per la sua legge di gravitazione universale.

DA IERI A OGGI...

Per molto tempo gli esseri umani hanno guardato il cielo a occhio nudo. Ma nel tempo hanno creato strumenti sempre più potenti e perfezionati.

È stato Galileo a inventare uno dei primi **cannocchiali,** nel 1609.

Grazie al cannocchiale, scoprì i crateri e le montagne della Luna.

A poco a poco, i cannocchiali sono diventati sempre più potenti.

I cannocchiali sono poi stati sostituiti dai **telescopi:** i cannocchiali funzionano con le lenti (come quelle per gli occhiali), mentre i telescopi lavorano con gli specchi, il che permette una visione molto migliore.

Oggi, a disposizione degli astronomi ci sono osservatori molto grandi attraverso i quali possono vedere più lontano ed esplorare meglio l'Universo. Eccone uno...

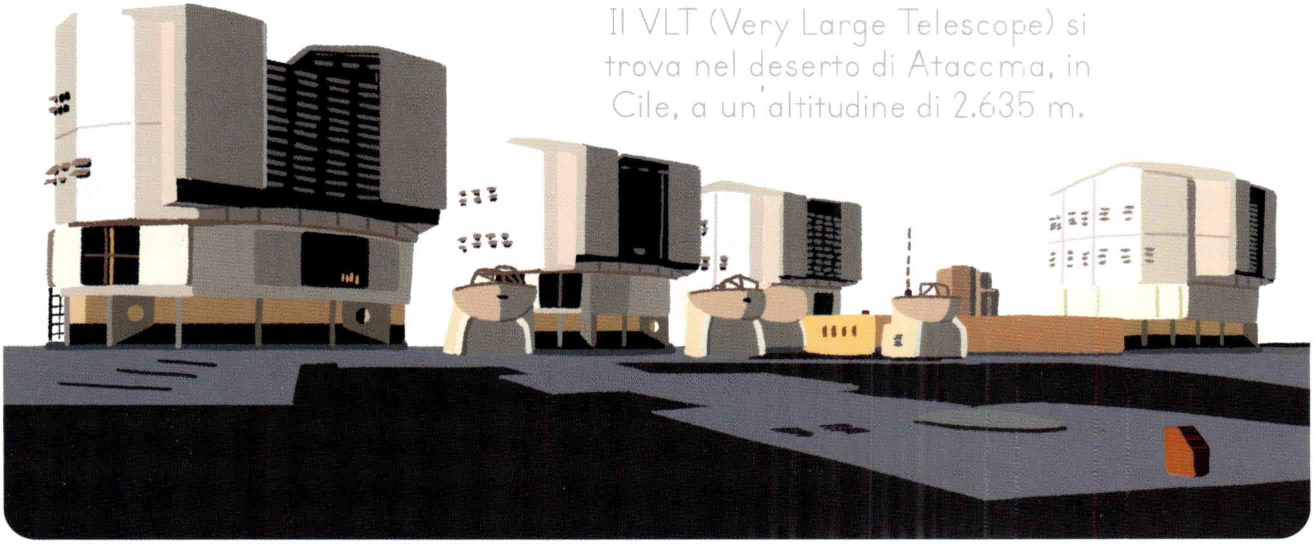

Il VLT (Very Large Telescope) si trova nel deserto di Atacama, in Cile, a un'altitudine di 2.635 m.

È composto da quattro grandi telescopi ottici e quattro telescopi più piccoli.

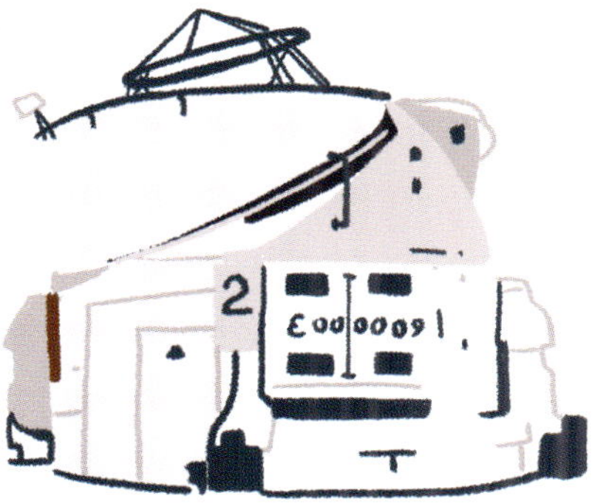

Il cielo senza inquinamento luminoso permette ottime osservazioni.

Al calar della notte, le cupole si aprono.

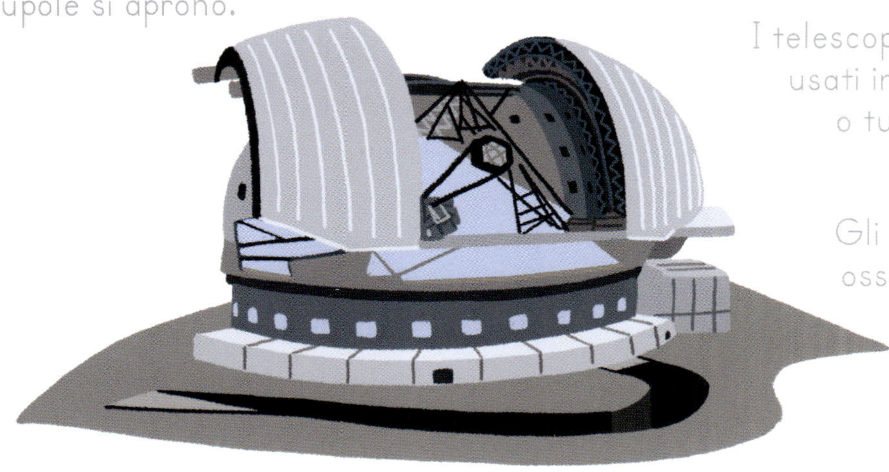

I telescopi possono essere usati individualmente o tutti insieme.

Gli astronomi compiono le osservazioni con l'aiuto di potenti computer.

UN SUPERTELESCOPIO

I telescopi non si trovano solo sulla Terra! Nel 1990, il telescopio Hubble venne portato nello spazio...

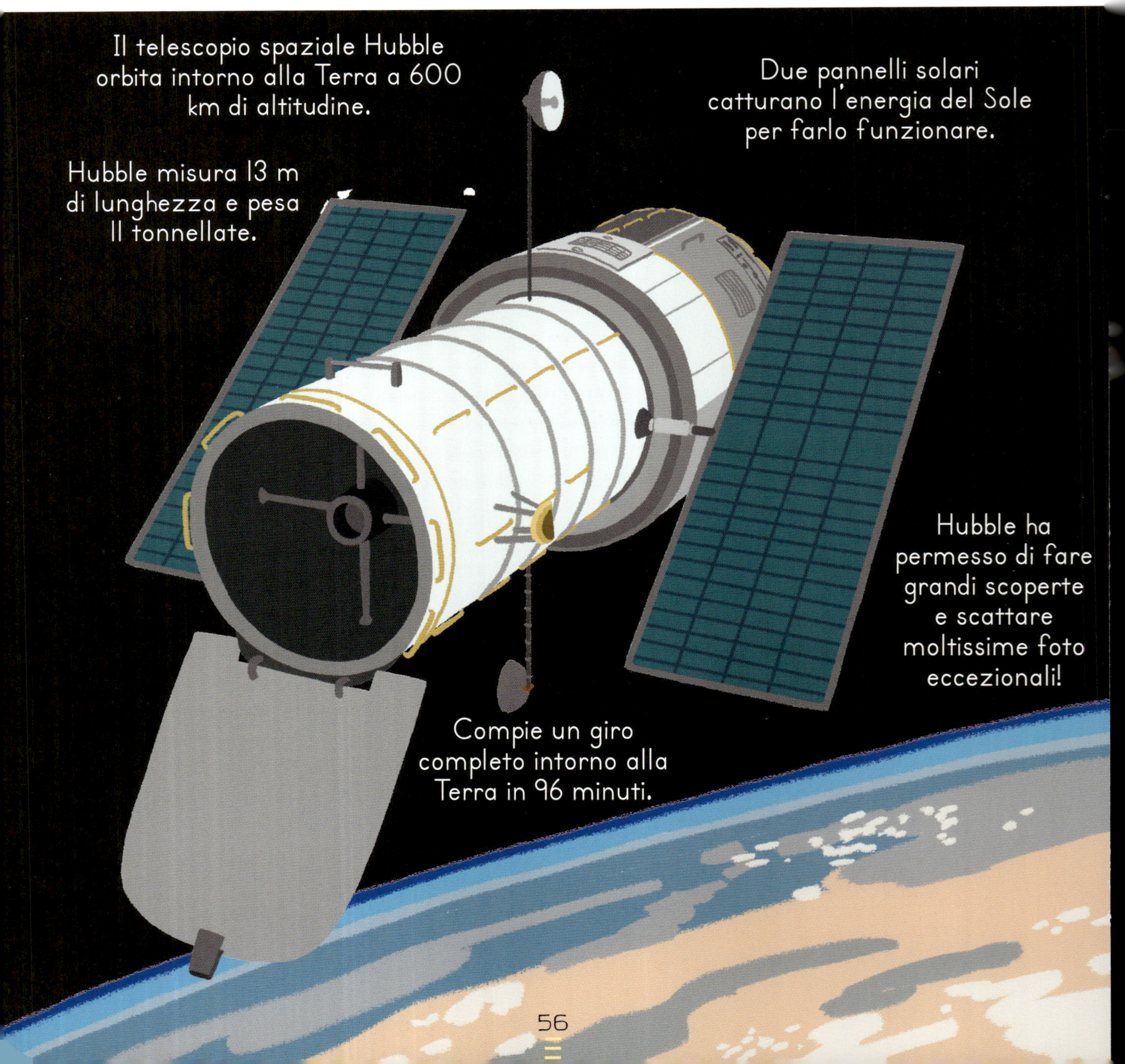

HUBBLE PRENDE SERVIZIO

Il 24 aprile 1990, lo Space Shuttle Discovery decolla per mettere in orbita il telescopio Hubble.

Hubble si chiama così in onore di **Edwin Hubble,** un astronomo statunitense che ha fatto importanti scoperte scientifiche.

Le prime foto sono sfocate! Nel 1993 viene organizzata una missione per riparare il telescopio.

In tutto ci sono volute cinque missioni di manutenzione per far funzionare Hubble in piena efficienza!

Asteroidi, nebulose, comete... Hubble ha scattato meravigliose foto dell'Universo!

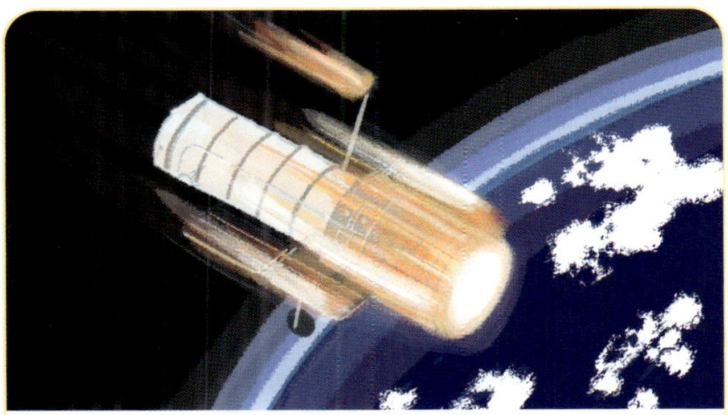

Quando smetterà di funzionare, lo si farà precipitare sulla Terra in caduta controllata.

LE SONDE E I ROVER: ROBOT NELLO SPAZIO!

Alcuni veicoli spaziali sono mandati nel nostro Sistema solare con lo scopo di osservare i pianeti il più vicino possibile: questi veicoli sono le sonde.

Una **sonda spaziale** viene portata nello spazio da un razzo vettore, o lanciatore.

Ogni sonda ha la sua missione: sorvolare un pianeta, portarci un **rover**...

Le sonde sono equipaggiate con fotocamere e sensori.

I dati raccolti sono inviati sulla Terra attraverso le onde radio.

Le sonde non tornano mai sulla Terra.

ALCUNI ESEMPI DI SONDE...

Da 8 anni la sonda Galileo studia Giove, orbitando attorno al pianeta e ai suoi satelliti.

La sonda Cassini–Huygens, una delle più grandi mai costruite, ha esplorato Saturno.

Partite dalla Terra oltre 40 anni fa, le sonde Voyager 1 e 2 hanno esplorato i giganti gassosi spingendosi poi oltre Urano e Nettuno.

Nel 2015, dopo un viaggio incredibile, la sonda New Horizons ha sorvolato Plutone e il suo satellite Caronte.

Nel 1997 è stato depositato su Marte Sojourner, il primo rover che ha esplorato il pianeta. Ha inviato centinaia di foto per 83 giorni.

Dopo 15 anni di missione del rover Opportunity, Curiosity continua ad esplorare Marte.

SATELLITI ARTIFICIALI: SONO MIGLIAIA!

La Luna è il satellite naturale della Terra. Ma intorno al nostro pianeta gravitano anche satelliti diversi, quelli lanciati da noi esseri umani: sono chiamati satelliti artificiali.

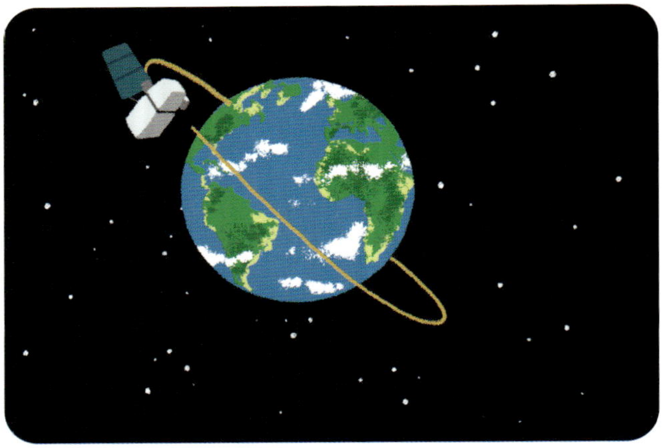

Li lanciamo nello spazio e poi iniziano a orbitare attorno al pianeta.

Negli ultimi 60 anni, migliaia di satelliti artificiali sono stati lanciati in orbita intorno alla Terra.

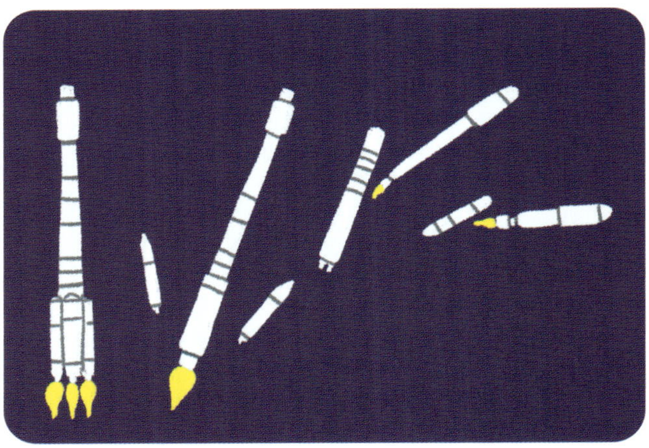

I satelliti sono trasportati nello spazio da un razzo vettore che poi li mette in orbita.

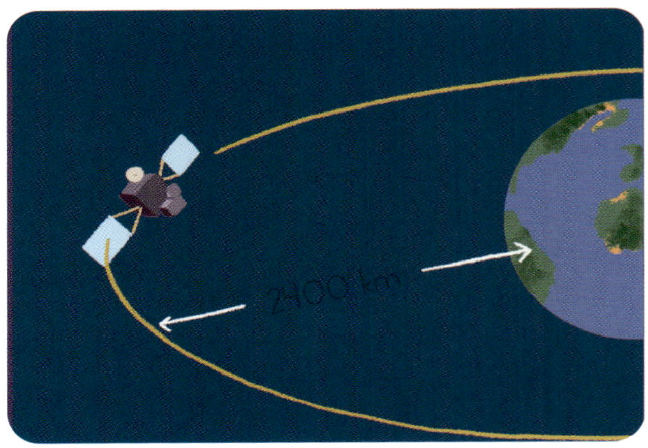

Ruotano intorno alla Terra tra i 200 e gli oltre 30.000 km di altitudine.

Ci sono tantissimi tipi di satelliti...

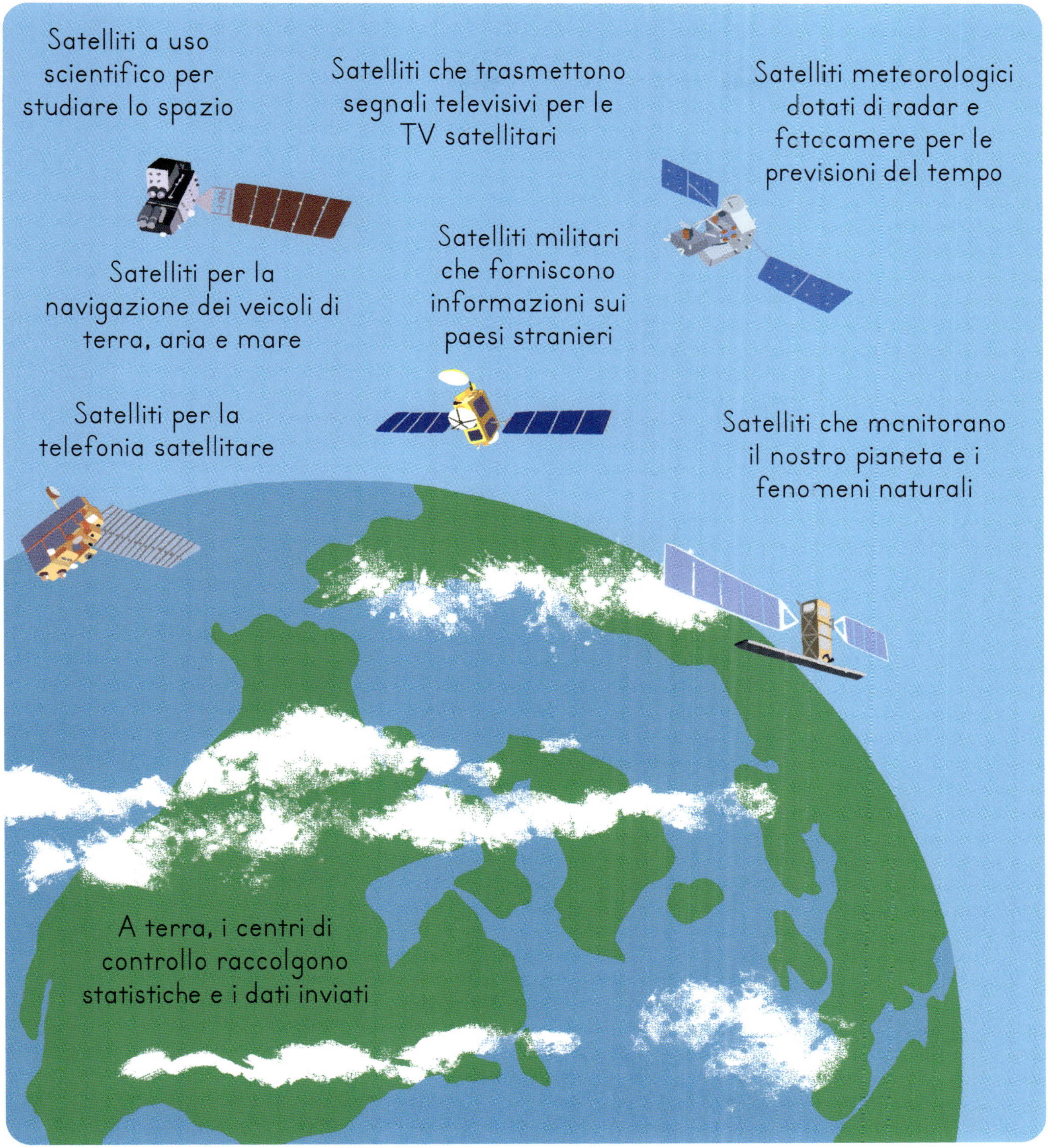

GLI ESOPIANETI

Chiamati anche pianeti extrasolari, sono i pianeti situati al di fuori del nostro Sistema solare, che orbitano attorno a una stella.

La scoperta degli esopianeti

Molto distanti dal nostro pianeta, sono stati scoperti solo recentemente.

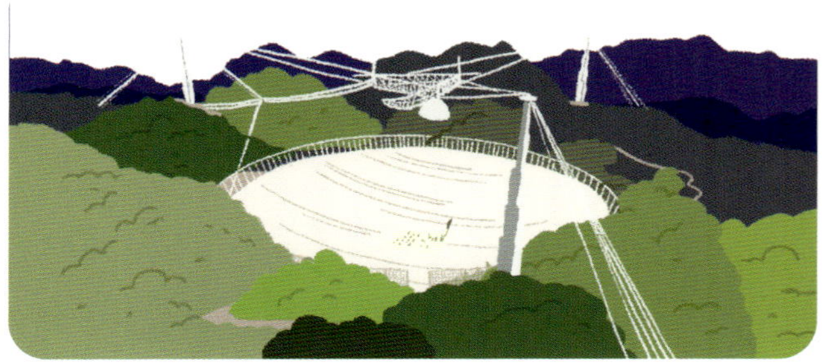

Il radiotelescopio di Aricebo ha rilevato il primo esopianeta nel 1990.

Nel 1995, è stata scoperto Dimidium, un esopianeta simile a Giove.

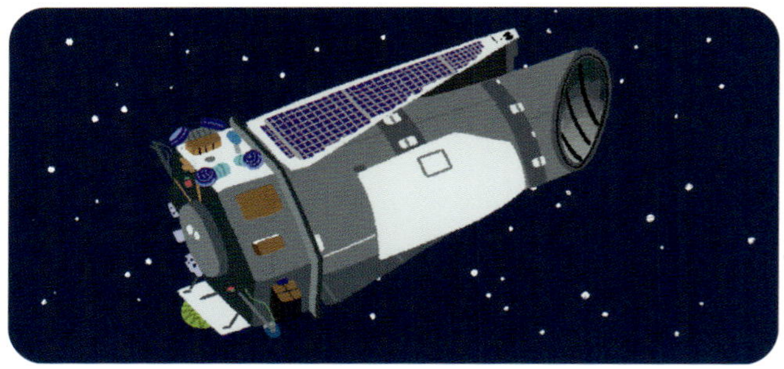

Tra il 2009 e il 2018, il cacciatore di esopianeti Kepler ne ha scoperte diverse migliaia.

A oggi, sono stati identificati circa 4.000 esopianeti.

L'esopianeta più vicino a noi è Proxima b. Orbita intorno alla stella Proxima Centauri.

Un tempo si diceva che il pianeta Marte fosse abitato da omini verdi, i **marziani.**

Alcuni sostengono di aver visto degli **UFO**, navi spaziali extraterrestri, ma non ci sono prove credibili.

Una sonda ha portato nello spazio un disco con suoni e immagini per presentare gli esseri umani a eventuali alieni.

I radiotelescopi stanno cercando di captare segnali radio alieni... finora senza alcun successo.

Oggi, la caccia agli esopianeti continua...

...così come la ricerca d'acqua o di tracce di vita.

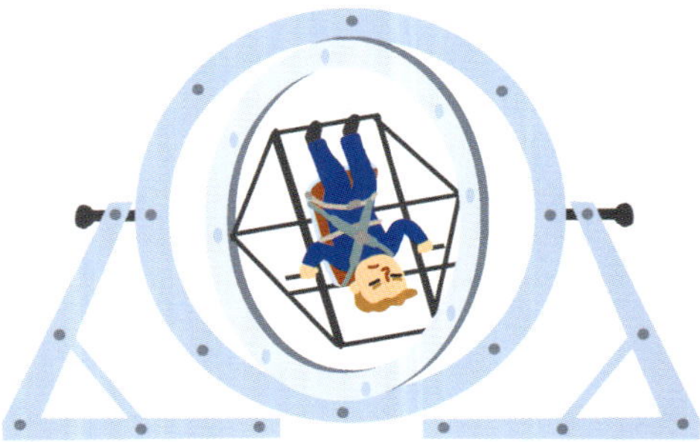

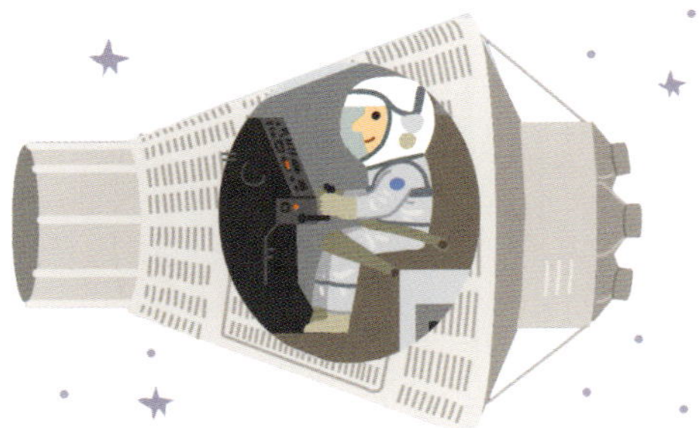

ALLA CONQUISTA DELLO SPAZIO

LA CORSA VERSO LO SPAZIO

Russi e americani si sono sfidati in una corsa frenetica per essere i primi ad andare nello spazio.

Prima di avventurarsi nello spazio, gli uomini hanno inviato satelliti e animali...

Nel 1957, la Russia ha lanciato nello spazio il primo satellite in assoluto: **Sputnik I**, una sfera metallica di 58 cm di diametro.

Beep Beep! Le stazioni radio di tutto il mondo hanno ricevuto il segnale del satellite che ha orbitato intorno alla Terra per 1.440 volte.

Successivamente, i russi hanno lanciano lo Sputnik 2, con a bordo la cagnolina **Laika**. Purtroppo, Laika morì durante il viaggio.

Nel 1961, gli americani hanno inviato nello spazio uno scimpanzé, **Ham**. Missione riuscita! La capsula è ammarata nell'oceano con Ham sano e salvo!

Poi sono partiti gli esseri umani...

Nel 1961, il razzo Vostok 1 è decollato con a bordo il cosmonauta **Jurij Gagarin.**

Dopo un'orbita di 108 minuti, è tornato sulla Terra! Primo uomo a viaggiare nello spazio, Gagarin diventò una celebrità!

Tre settimane dopo, l'astronauta **Alan Shepard** è stato il primo americano a volare nello spazio.

Se il volo di Gagarin era pilotato da terra, Shepard pilotò lui stesso la navicella.

Nel 1962, l'americano **John Glenn** ha fatto un volo di circa 5 ore in orbita intorno alla Terra.

Missione Vostok 6: nel 1963, **Valentina Terechkova** fu la prima donna a volare nello spazio.

Il 18 marzo 1965, due cosmonauti russi decollarono sulla navicella Voskhod 2 .

...e **Alexei Leonov** fece la prima passeggiata nello spazio, di ben 12 minuti!

PRIMI PASSI DELL'UOMO SULLA LUNA

Il 16 luglio 1969, a bordo della navicella Apollo 11, tre astronauti americani vennero lanciati nello spazio dal razzo vettore Saturn V. Obiettivo: la Luna!

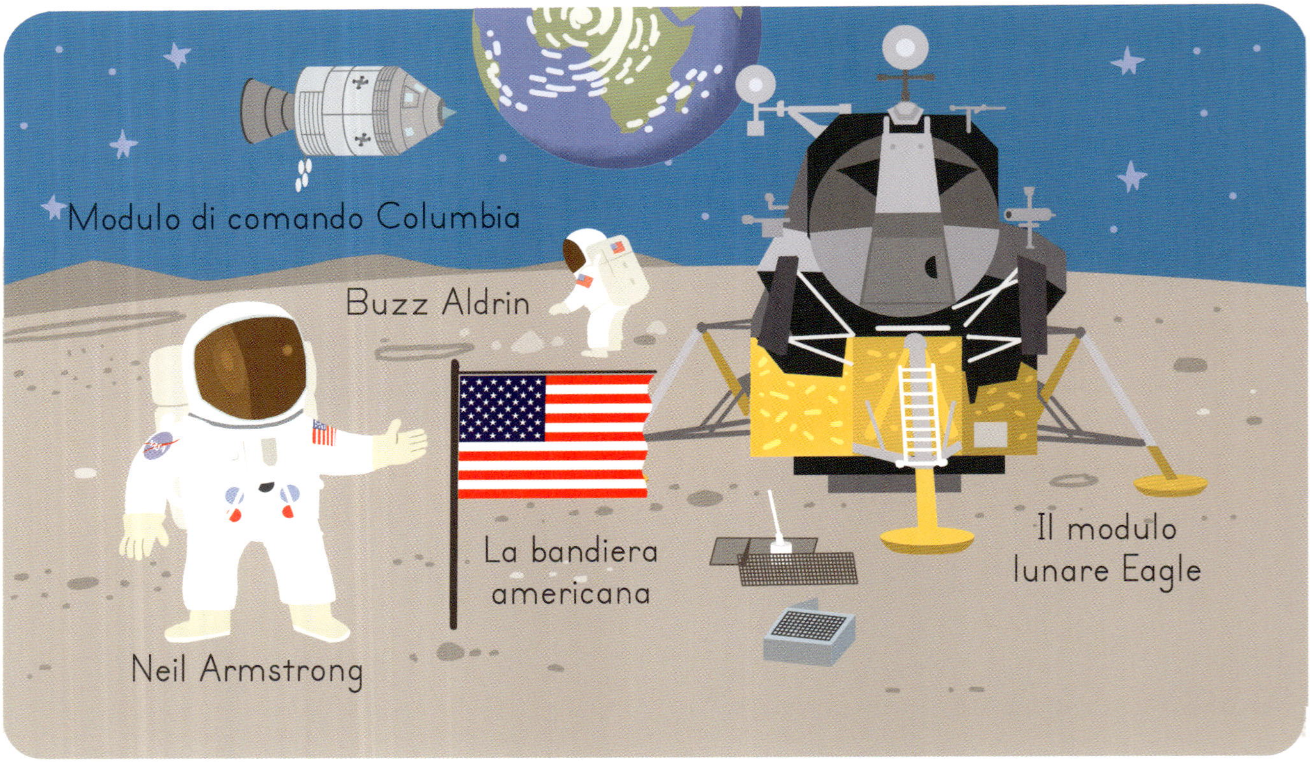

CHE SQUADRA!

I tre astronauti a bordo dell'Apollo 11: **Neil Armstrong** (a destra), comandante della missione, **Buzz Aldrin** e **Michael Collins** (al centro), pilota del modulo di comando.

Il 16 luglio 1969, **Saturn V** decollava da Cape Canaveral, in Florida.

Un milione di persone era presente per assistere.

Dopo 3 giorni di viaggio, **la navicella Apollo 11** si è preparata all'allunaggio.

Il 20 luglio, **il modulo lunare Eagle** ha toccato il suolo lunare con a bordo Armstrong e Aldrin.

Posando il piede sulla Luna, Armstrong ha pronunciato la storica frase: **"Un piccolo passo per l'uomo, un grande balzo per l'umanità."**

In tutto il mondo, milioni di persone lo hanno visto in televisione.

Dopo 19 minuti Aldrin si è unito per scattare fotografie e raccogliere rocce lunari.

Il 24 luglio i tre astronauti sono ammarati nel Pacifico sul modulo di comando.

ESPLORARE LA LUNA

Dopo questa prima eccezionale avventura, l'uomo ha continuato a esplorare la Luna con nuove missioni con equipaggio, ma anche con sonde e robot.

Le missioni Apollo

Gli astronauti hanno raccolto **rocce** e le hanno immagazzinate nel modulo lunare.

Il **rover lunare** ha facilitato l'esplorazione.

Sulla Luna pesiamo sei volte meno che sulla Terra. Gli astronauti si muovevano a piccoli balzi.

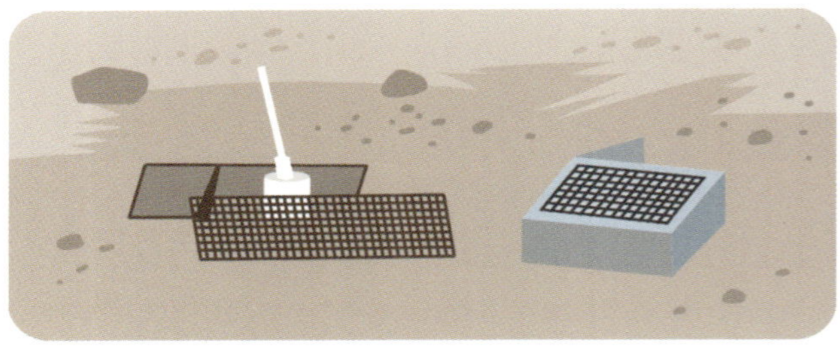

Gli astronauti hanno usato strumenti per misurare la distanza tra la Terra e la Luna e per registrare i terremoti lunari.

Durante la missione **Apollo 13**, un grave guasto impedì agli astronauti di allunare.

Apollo 17 fu l'ultima missione con equipaggio, nel 1972. Sulla Luna hanno messo piede 12 uomini.

Le sonde verso la Luna

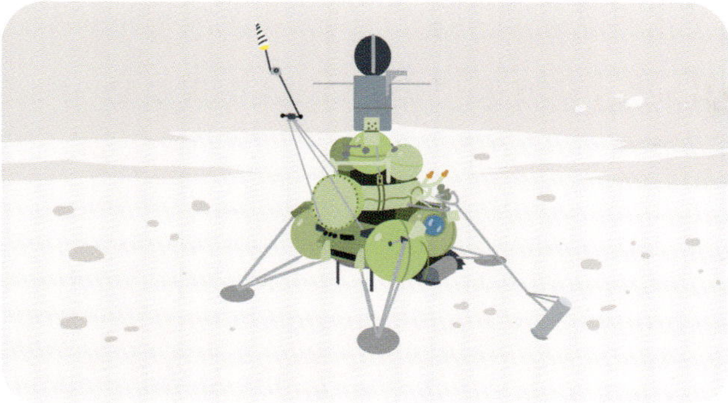

Nel 1970, la **sonda** robotica russa Luna 16 è stata il primo **lander** a riportare sulla Terra campioni di suolo lunare.

Nel 2007, la missione giapponese Kaguya (Selene) ha fornito immagini eccezionali e molte informazioni nuove e importanti.

Dobbiamo poi alla sonda indiana Chandrayaan-1 la scoperta di acqua ghiacciata nei crateri dalla Luna.

Nel 2013, quasi 40 anni dopo l'ultima missione russa Luna 24, la Cina ha posato il **rover** Yutu sulla faccia visibile della Luna...

Poi, nel 2019, questo stesso paese ha realizzato un'impresa di eccezionale ingegneria posizionando il rover Yutu 2 sul lato oscuro della Luna.

LA BASE DI LANCIO

Per inviare un razzo nello spazio, ci sono basi speciali. Sono situate in riva al mare o nel deserto, lontano dalle zone abitate.

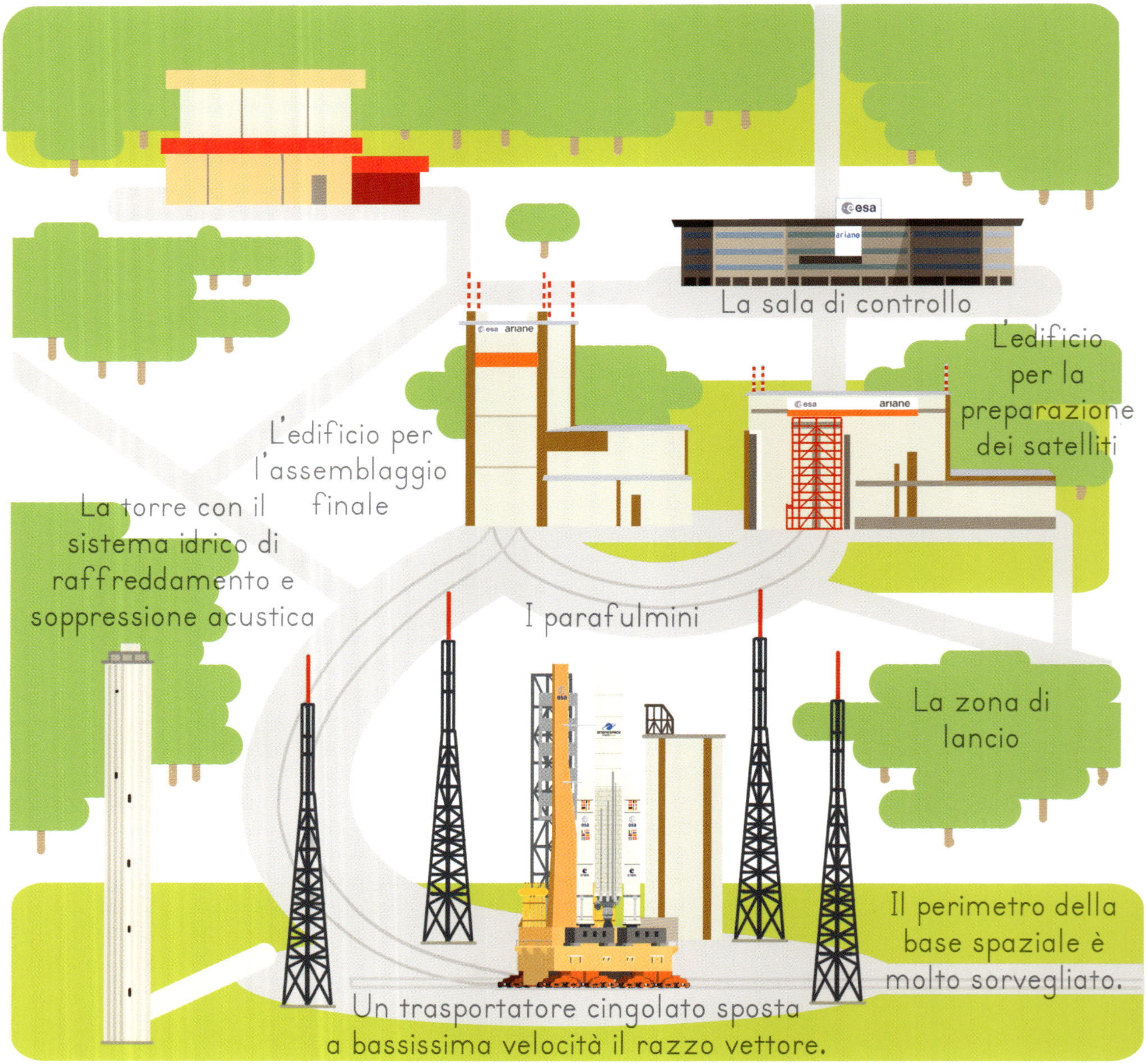

BASI SPAZIALI FAMOSE

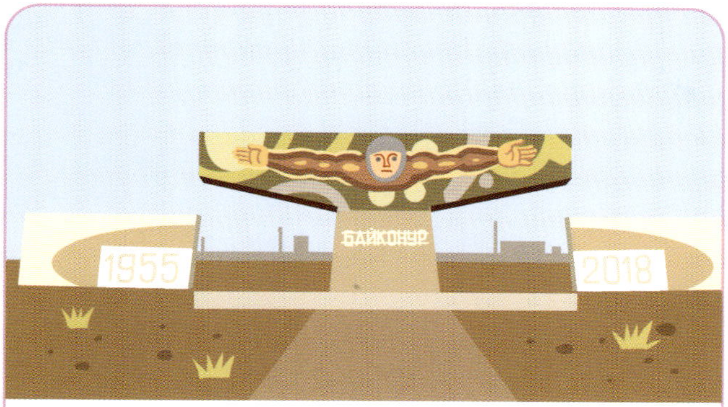

Il cosmodromo russo di **Bajkonur** si trova in mezzo alla steppa, dove il cielo è spesso limpido.

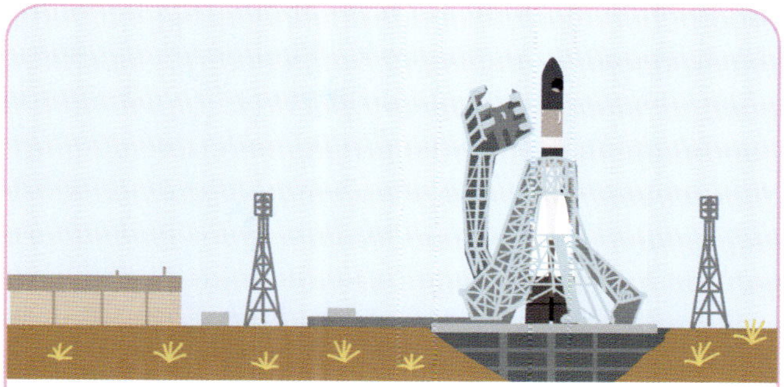

Jurij Gagarin decollò da questa base. Oggi i razzi **Soyuz** vi decollano diretti alla Stazione Spaziale Internazionale.

Sulla costa orientale della Florida, **Cape Canaveral** è la base principale per i lanci USA e sede di un grande complesso di lancio.

Fu costruito per la missione Apollo. Il **Vehicle Assembly Building**, l'edificio per l'assemblaggio del Saturn V, è enorme!

Il Centro spaziale guianese di **Kourou**, nella Guyana francese, è la principale base spaziale europea. La posizione vicino all'oceano è ideale.

Simile alla torre di controllo di un aeroporto, la sala di controllo della base spaziale dirige e coordina le operazioni di lancio.

3, 2, 1... ACCENSIONE!

Prima di arrivare al conto alla rovescia ci vogliono mesi di lavoro per preparare il lancio di una sonda. Nessun pilota a bordo: tutto è gestito e coordinato da terra!

Il lancio della sonda Rosetta

Un mese circa prima del decollo, sono stati montati gli stadi di **Ariane 5**, il razzo che ha lanciato Rosetta.

20 giorni dopo, la sonda Rosetta è stata **caricata** a bordo del razzo vettore.

Il giorno prima del decollo, utilizzando le **rotaie**, Ariane 5 venne portato alla rampa di lancio.

Il vettore fu agganciato alla rampa di lancio. 9 ore prima del decollo è iniziato il **conto alla rovescia.**

6 ore prima del decollo, la sala di controllo è stata chiusa e il programma di volo caricato.

6 min e 30 secondi prima del decollo, è iniziato il conto alla rovescia finale. Le vasche erano state riempite e la rampa di lancio bagnata.

Accensione... e decollo!

Il 2 marzo 2004, alle 8:17, i motori si sono accesi e il razzo vettore Ariane 5 è decollato con a bordo la sonda Rosetta.

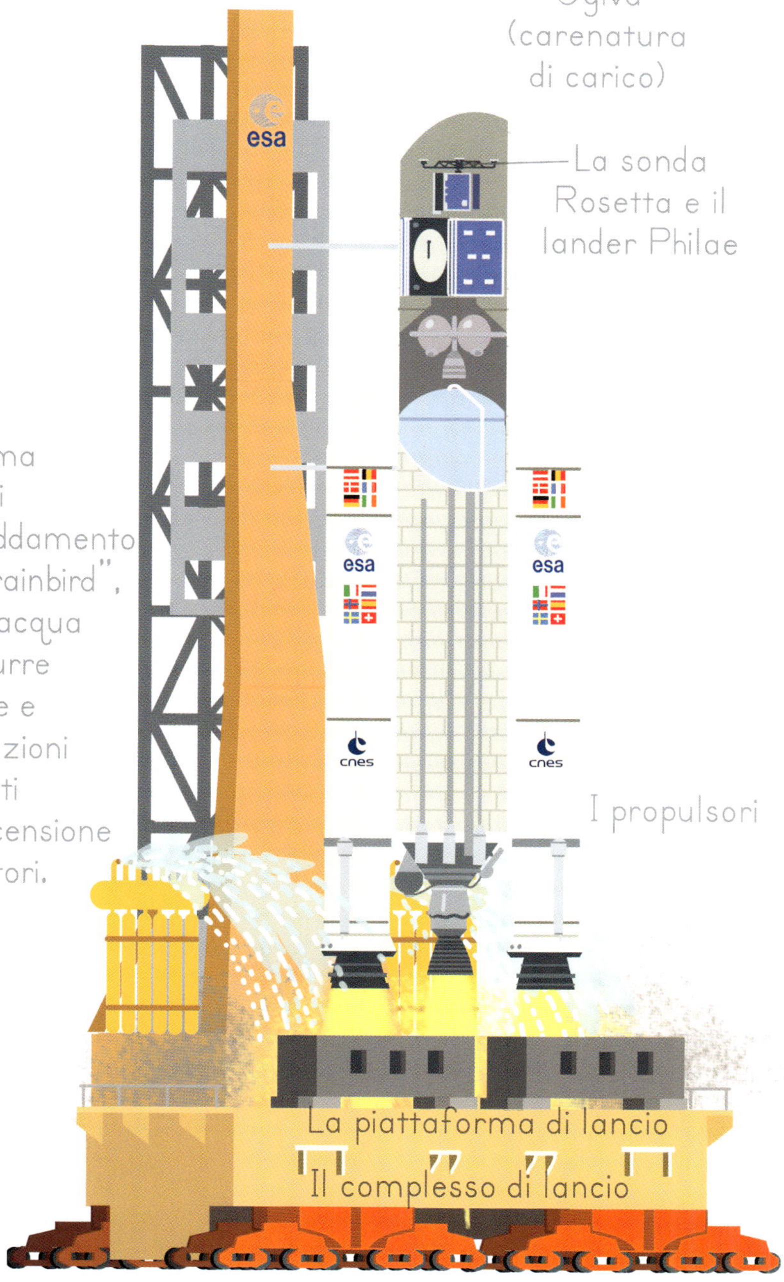

UN VIAGGIO DI 12 ANNI!

Nel 2014, Rosetta si è avvicinata alla Cometa Churyumov-Gerasimenko, a 500 000 km dalla Terra!

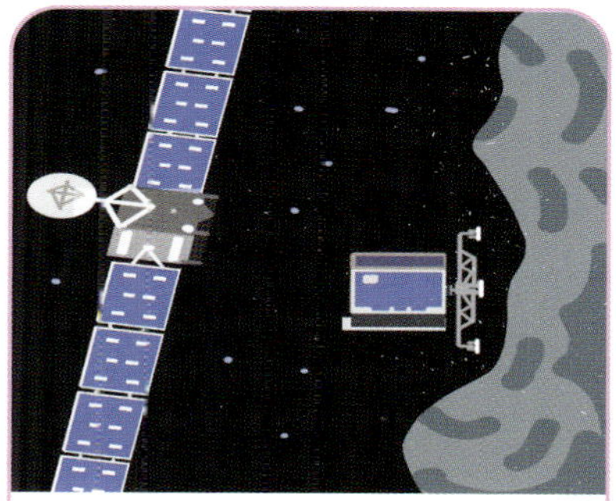

A 22 km di altezza ha sganciato il lander Philae, che ha raccolto dati preziosi.

Nel 2016 Rosetta è stata fatta precipitare con volo controllato sulla cometa.

VETTORE O NAVETTA?

Il razzo vettore viene utilizzato una sola volta: è inviato nello spazio per trasportare un satellite, una sonda o un equipaggio di astronauti. È anche chiamato “lanciatore”.

Il volo di un vettore

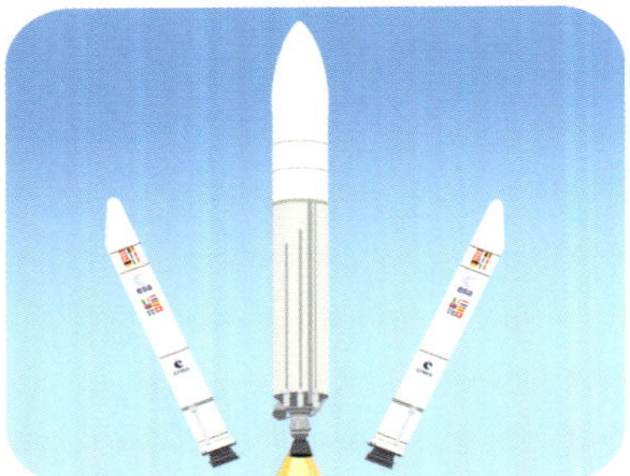

2 minuti dopo il decollo: i **propulsori ausiliari** vengono espulsi.

Cadranno nell'oceano dove potranno essere recuperati.

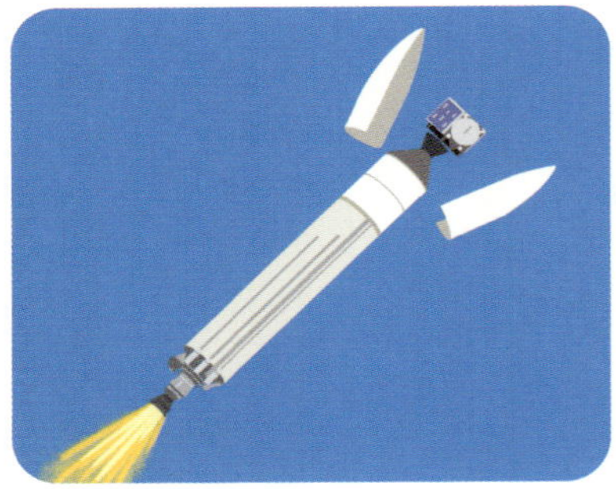

3 minuti dopo il decollo: l'ogiva viene sganciata.

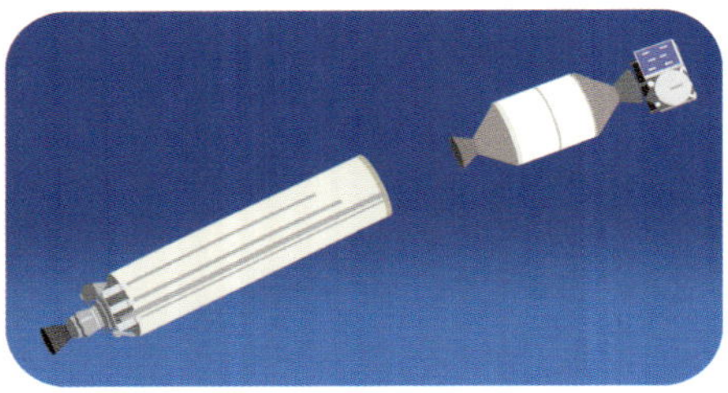

9 minuti dopo il decollo: il motore e lo stadio principale si staccano.

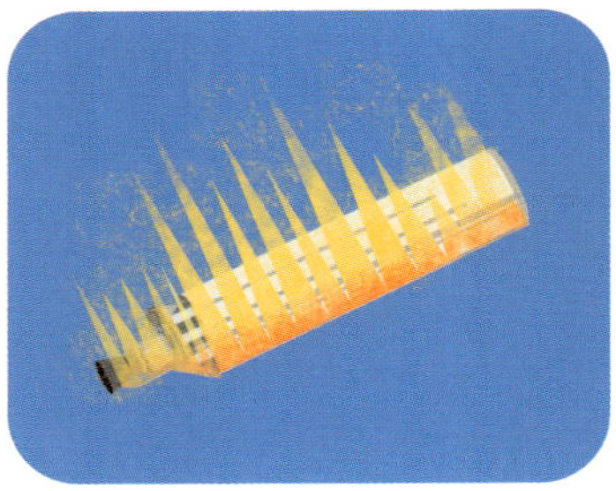

Si disintegreranno al loro ingresso nell'atmosfera.

Lo stadio superiore si accende 25 minuti circa dopo il decollo.

28 minuti dopo il decollo: il satellite è messo in orbita attorno alla Terra.

Il satellite apre i pannelli solari. Missione compiuta!

IL VOLO DI UNA NAVETTA

Diversamente dal vettore, la navetta compiuta la missione ritorna sulla Terra.

Decolla in verticale come un razzo lanciatore.

2 minuti dopo il decollo: i razzi ausiliari vengono sganciati. Saranno recuperati nell'oceano.

8 minuti dopo il decollo: l'enorme serbatoio esterno si stacca e si disintegra a contatto con l'atmosfera.

185 km di quota: la navetta che trasporta astronauti e attrezzature è in orbita attorno alla Terra.

Il braccio robotico della navetta posiziona il satellite nello spazio e lascia l'orbita terrestre.

Rientra in atmosfera. Lo scudo termico la protegge dal surriscaldamento.

Atterra **come un normale aereo**, ma su una pista di atterraggio molto più lunga.

POTENTI RAZZI

Per riuscire a superare l'atmosfera terrestre è necessario avere molta potenza. Dai primi razzi a quelli di oggi, queste macchine spaziali si sono molto evolute.

Piccola storia dei razzi

Oltre mille anni fa, i cinesi inventarono la polvere da sparo, allora chiamata polvere nera, e la facevano esplodere per cacciare gli spiriti maligni.

Nel XII secolo usavano piccoli razzi con polvere da sparo per spaventare i cavalli dei nemici.

All'inizio del XX secolo, il russo Constantin Tsiolkovsky scoprì il principio del razzo a reazione.

Nel 1926, l'americano Robert Goddard progettò un razzo a propulsione liquida che si alzò fino a 13 m di altezza.

I missili V2 tedeschi, usati durante la seconda guerra mondiale, potevano raggiungere i 90 km di altezza!

Nel 1957 decollò il primo razzo spaziale, l'R7-Semiorka russo.

Come funziona?

ASTRONAUTI BEN ADDESTRATI

Negli ultimi 60 anni, solo 545 astronauti hanno viaggiato nello spazio, tra cui 60 donne. La selezione è durissima e l'addestramento prima di partire per una missione non è da meno!

Una durissima selezione

L'età ideale per un **candidato astronauta** è compresa tra 27 e 37 anni.

Sono richiesti studi scientifici. Essere piloti di jet è considerato un punto a favore.

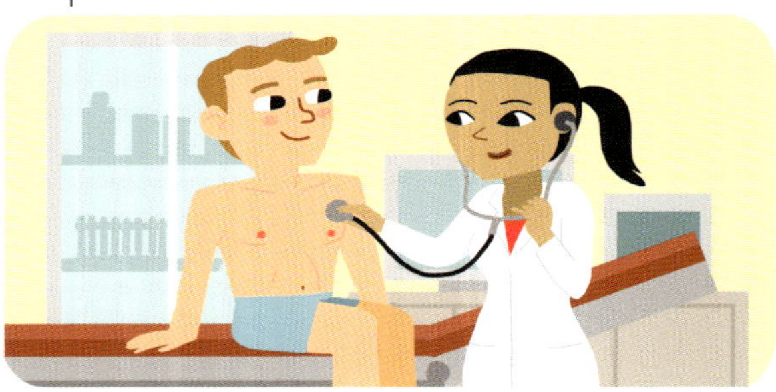

Devono essere in ottima salute e superare con successo una rigorosa **visita medica.**

Parlare inglese è essenziale per comunicare. Anche il russo è molto parlato nello spazio.

I candidati devono superare **test da sforzo** molto duri. Per vivere nello spazio, bisogna essere molto resistenti!

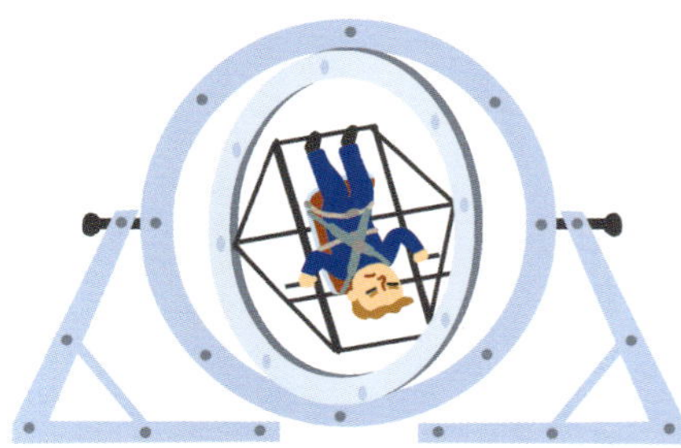

Sono sottoposti anche a test di ragionamento, orientamento spaziale e resistenza a forti stress.

UN LUNGO ADDESTRAMENTO

Di nuovo a scuola! Per prepararsi, i futuri astronauti seguono corsi di lingua russa, informatica, meccanica...

Si **allenano in piscina** con la tuta, simulando l'assenza di gravità per controllare i gesti come all'esterno della navicella.

Se necessario, gli astronauti devono essere in grado di praticare piccoli interventi medici e di pronto soccorso.

Grazie al **volo parabolico**, si muovono in assenza di gravità, come nello spazio all'interno della navicella.

Nelle **prove di sopravvivenza** affrontano ambienti ostili, in caso di atterraggi di emergenza in zone isolate.

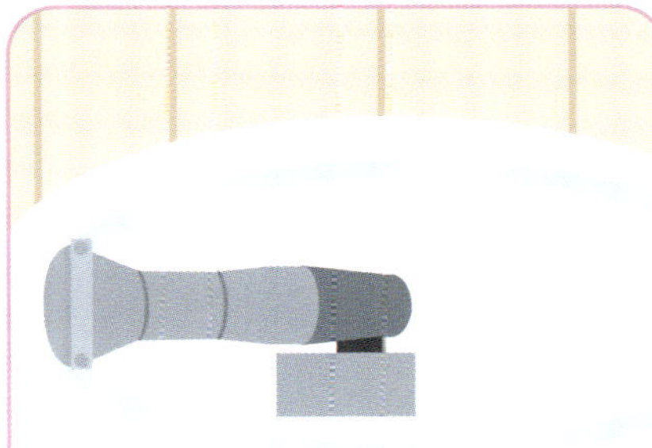

Nella **centrifuga** si preparano alla respirazione durante le incredibili accelerazioni dei motori a reazione.

NOMI DIVERSI PER LA STESSA PROFESSIONE...

Un **astronauta americano**

Un **cosmonauta russo**

Uno **spazionauta europeo**

Un **taikonauta asiatico**

LA STAZIONE SPAZIALE INTERNAZIONALE (ISS)

Dal 1998, molti Stati si sono uniti per costruire la Stazione Spaziale Internazionale.

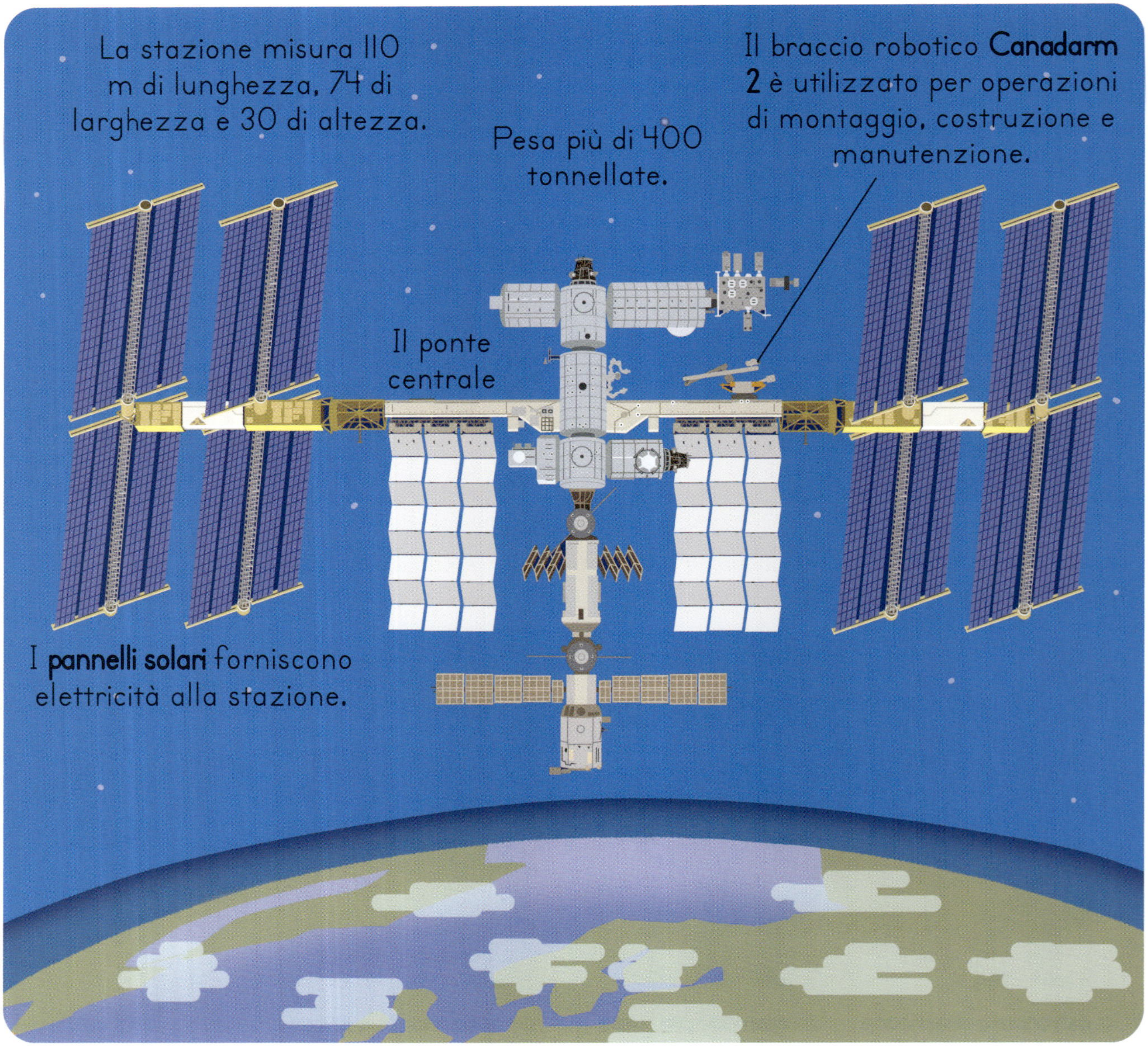

Da 15 anni, navette e razzi volano nello spazio trasportando parti da assemblare alla stazione.

In orbita a circa 400 km di altitudine, l'ISS fa ogni giorno sedici volte il giro del'a Terra alla velocità di circa 28.000 km/h.

La stazione può ospitare al massimo sei astronauti, per incarichi della durata di 6 mesi.

Ogni 2 mesi circa, arriva alla stazione un cargo spaziale con rifornimenti di cibo, acqua, materiali e parti di ricambio.

Per unirsi alla ISS, il nuovo equipaggio compie un viaggio di sole 6 ore nell'angusto abitacolo del veicolo spaziale Soyuz.

Ecco Soyuz che, forte di ormai 30 viaggi, entra nell'orbita della ISS e si appresta **all'attracco!**

VITA SULLA ISS

Dormire, bere, mangiare, lavorare, fare sport... La vita degli astronauti assomiglia un po' alla nostra, ma loro fanno le stesse cose in modo molto diverso che sulla Terra!

Ore 6:00, ora di Londra: tutti in piedi! Appena sveglio, l'equipaggio fa i controlli di routine.

Ci si **lava** con salviette. Chi deve rasarsi, deve aspirare la barba tagliata per non sporcare dappertutto.

Si mangia cibo disidratato in **sacchetti sigillati** e si beve con la cannuccia; e mi raccomando, niente briciole!

Fare **sport** è obbligatorio! Per far lavorare i muscoli, gli astronauti corrono ogni giorno.

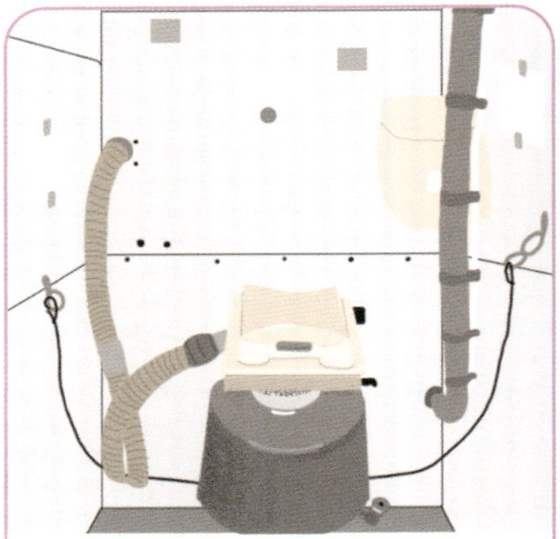

Ecco i servizi igienici della stazione! L'urina viene aspirata e depurata, quindi riciclata e **trasformata** in acqua da bere.

Per dormire, gli astronauti si infilano in un **sacco a pelo** saldamente ancorato al muro, al pavimento o al soffitto.

Ogni mattina, l'equipaggio programma la giornata in una conferenza con la sala di controllo a terra.

Gli astronauti passano la metà del loro tempo a controllare le reazioni del corpo umano alla vita nello spazio...

...la coltivazione degli ortaggi nello spazio, la qualità dell'acqua... Esperimenti importanti per il progresso della scienza.

Passano anche del tempo nella Cupola, un modulo-osservatorio con 7 oblò per una vista straordinaria sulla Terra e sullo spazio.

Manutenzione, riparazione, installazione di nuove attrezzature: gli astronauti non hanno certo il tempo di annoiarsi!

Restare in contatto è importante. Gli astronauti comunicano spesso con le loro famiglie.

A SPASSO NELLO SPAZIO

Regolarmente, gli astronauti devono uscire nello spazio per riparare e fare manutenzione alla stazione. Sono aiutati da un braccio robotico, il Canadarm 2.

Fine della missione!

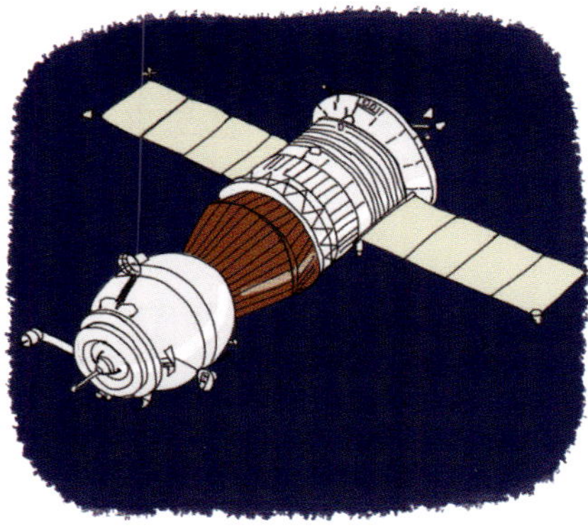

Gli astronauti raggiungono la Terra in 3 ore e 30 minuti a bordo della capsula Soyuz.

Protetta da uno **scudo termico,** la capsula entra nell'atmosfera terrestre.

A un'altitudine di 8 km, si apre il **paracadute** per rallentare la discesa.

Avvicinandosi al suolo, i sei retrorazzi vengono attivati per **attenuare** l'urto dell'atterraggio.

La squadra di salvataggio è sul posto per aiutare gli astronauti, che dovranno **riabituarsi** a vivere sulla Terra!

PROXIMA, LA MISSIONE DI THOMAS PESQUET

Dopo 3 anni di preparazione, **Thomas Pesquet** è decollato a novembre 2016 verso la ISS.

Per 6 mesi ha guidato molti esperimenti scientifici...

...e ha fatto foto meravigliose della Terra, condividendole poi con grandi e piccini!

LE MISSIONI DEL FUTURO

Gli uomini hanno ancora grandi progetti: tornare sulla Luna e, un giorno, programmare una missione con equipaggio su Marte...

Ritorno sulla Luna

Stati Uniti e Cina stanno sviluppando navicelle per un ritorno dell'uomo sulla Luna. L'obiettivo è creare una **base** dove poter vivere. I futuri rover viaggeranno per migliaia di chilometri.

Obiettivo Marte?

Per raggiungere Marte, gli astronauti dovranno affrontare un lungo viaggio di **6 mesi** nello spazio. Tra i progetti, quello di costruire una **base spaziale** installata da missioni robotiche precedenti il loro arrivo.

Nel 2001, Dennis Tito, un imprenditore statunitense, è stato il primo turista spaziale.

Nel 2006 è stata la volta di Anousheh Ansari, l'unica turista spaziale donna a trascorrere 10 giorni sulla ISS.

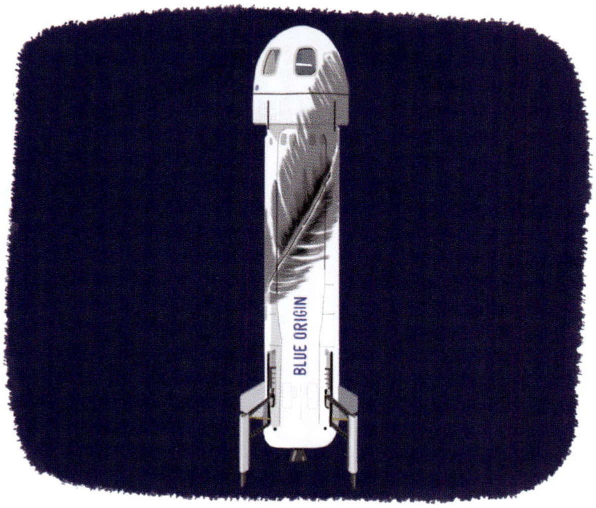

Presto i facoltosi potranno fare un viaggio turistico a 100 km di altitudine a bordo del razzo suborbitale riutilizzabile New Shepard.

Lo spazioplano suborbitale SpaceShipTwo sarà in grado di portare sei turisti a 110 km di altitudine e far viver loro qualche minuto a gravità 0.

I VEICOLI SPAZIALI DEL FUTURO

Per continuare la conquista dello spazio, i ricercatori immaginano e progettano veicoli spaziali sempre più potenti e performanti.

Il **Dream Chaser**, uno spazioplano con funzioni di cargo per rifornire la Stazione Spaziale Internazionale.

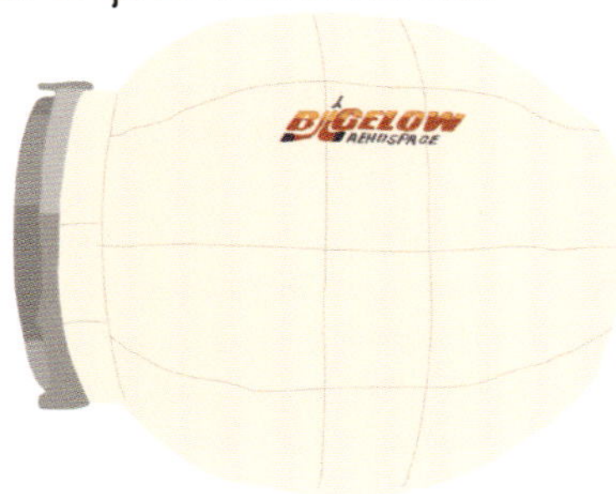

Il **modulo BEAM**, un modulo-habitat gonfiabile sviluppato per la Stazione Spaziale Internazionale.

Lo **Stratolaunch**, il più grande aereo da trasporto del mondo e base di lancio per satelliti in quota.

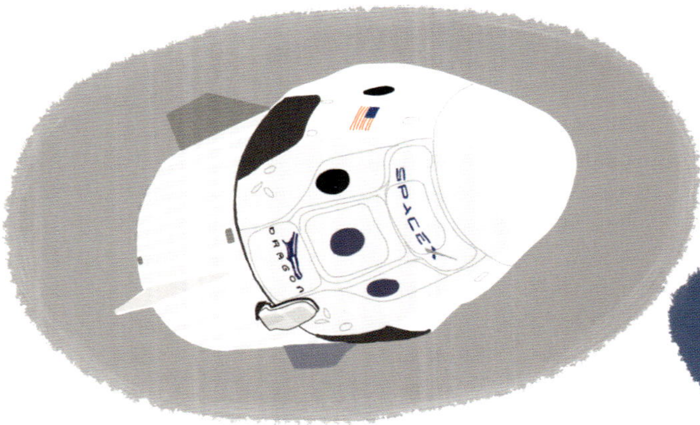

La **Crew Dragon** di SpaceX, una navetta per il trasporto dell'equipaggio verso la Stazione Spaziale Internazionale.

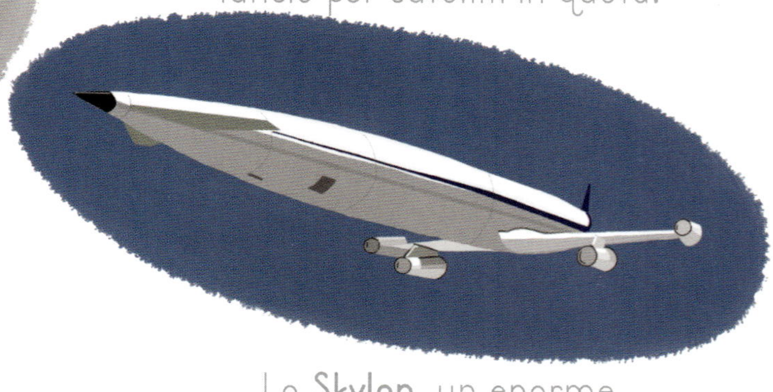

Lo **Skylon**, un enorme spazioplano di 83 m.

Lo **Space Launch System** è un sistema di lancio orbitale attualmente in corso di costruzione.

La sua altezza è di 121 metri.

Sarà il vettore più potente di tutti i tempi.

Potrà trasportare un carico di 130 tonnellate.

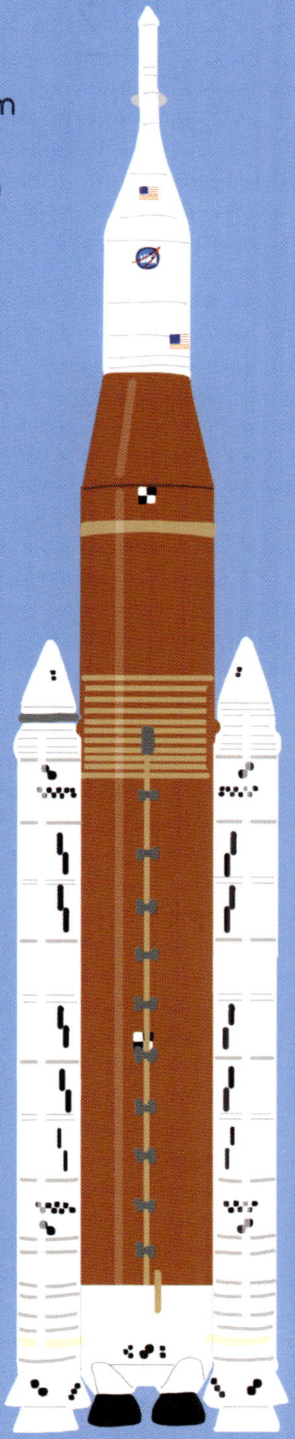

Porterà il **veicolo spaziale Orion** con equipaggio in orbita lunare.

Missioni previste: voli con atterraggio su un asteroide, verso la Luna e **missione** su Marte con equipaggio... non prima del 2035!

INDICE DELLE PAROLE

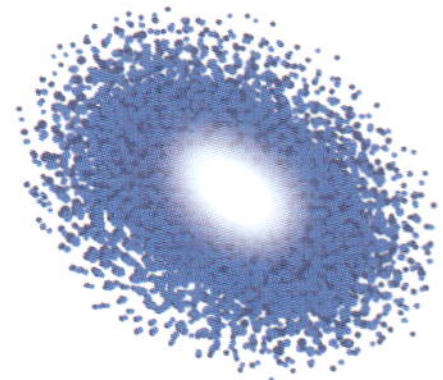

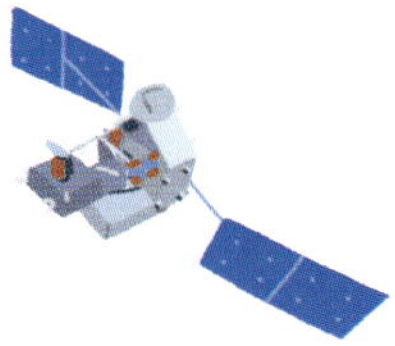

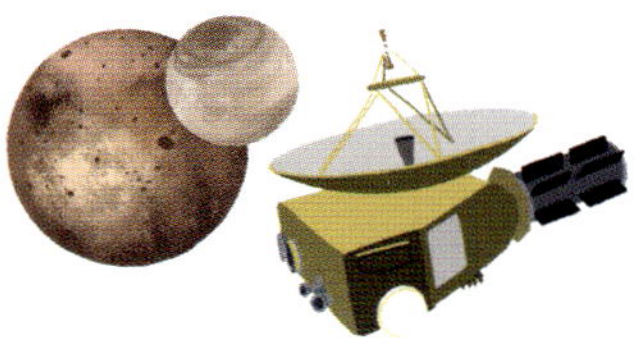

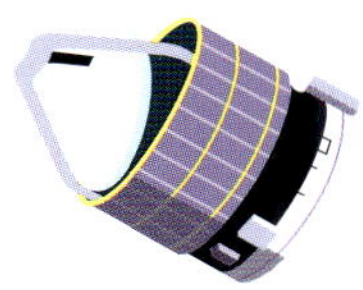

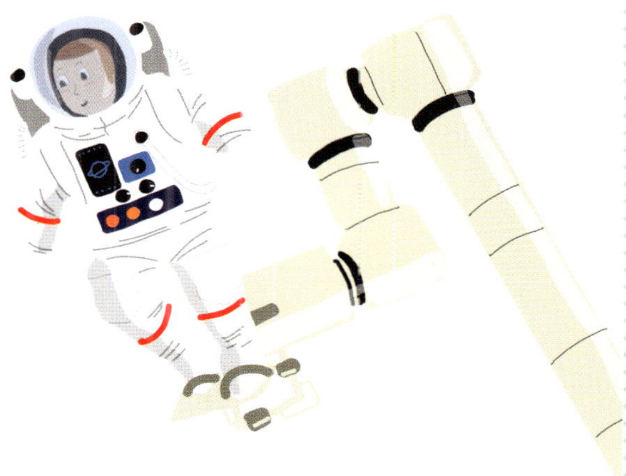

TESTI DI

Agnès Besson

ILLUSTRAZIONI DI

La Terra e il cielo: **Rebecca Galera**
Nel cuore del sistema solare: **Patrick Morize**
Alla scoperta dell'Universo: **Jean-Sébastien Deheeger**
Osservare lo spazio: **Sophie Verhille**
Alla conquista dello spazio: **François Foyard** (pagine 66-83)
e **Isabelle Chauvet** (pagine 84-91)

DoReMí è un marchio EDICART Style
Via Jucker, 28 - Legnano (MI) - Italia
Titolo originale: *L'encyclopédie des petits - L'univers*
Traduzione dal francese di *Bradamante*

www.edicart.it